湖北省社科基金前期资助项目"制度自信视域下大学生民主观培育与提升研究"
项目编号 19ZD102

# 中国特色社会主义制度自信

## 历史逻辑与当代建构

THE CONFIDENCE OF
**SOCIALISM WITH
CHINESE CHARACTERISTICS**
HISTORICAL LOGIC
AND CONTEMPORARY CONSTRUCTION

李琨 著

社会科学文献出版社
SOCIAL SCIENCES ACADEMIC PRESS (CHINA)

# 目录

绪　论 …………………………………………………… 1

## 第一章　制度自信的思想溯源及其维度 …………………… 28
### 第一节　空想社会主义者对未来制度的道德憧憬 ……… 28
### 第二节　近代资产阶级思想家视界中的制度自信 ……… 36
### 第三节　马克思主义视界中的制度自信 ………………… 42
### 第四节　中国特色社会主义制度自信的维度 …………… 52

## 第二章　中国特色社会主义制度自信的基础 ……………… 67
### 第一节　中国特色社会主义制度自信的理论逻辑：
制度与现代化 ……………………………………… 67
### 第二节　中国特色社会主义制度自信的实践基础 ……… 75
### 第三节　中国特色社会主义制度自信的文化根基 ……… 118

## 第三章　中国特色社会主义制度自信的基本内容 ………… 129
### 第一节　民族复兴的政治制度保障 ……………………… 129
### 第二节　疏解发展难题的制度选择 ……………………… 138

第三节　人类解放的制度阶梯 …………………………… 147

# 第四章　破解社会发展困境的制度优势 ………………………… 158
第一节　坚定制度自信脱离"中等收入陷阱" …………… 158
第二节　建立制度自信走出"塔西佗陷阱" ……………… 168
第三节　强化制度自信识破"修昔底德陷阱" …………… 174

# 第五章　中国特色社会主义制度自信的展望 …………………… 180
第一节　全面深化改革是增强中国特色社会主义制度
　　　　自信的必由之路 ………………………………… 180
第二节　不断推进制度建设和创新，落实制度自信 …… 185
第三节　加强制度自信中的话语权建构 ………………… 192

# 结　语 ……………………………………………………………… 204

# 参考文献 …………………………………………………………… 206

# 绪　论

## 一　研究对象

明确研究对象是展开研究与深入分析的前提。本书首先从马克思主义对"制度"的阐释进行考辨，然后对"中国特色社会主义制度"与"制度自信"这对词语的定义分别进行了梳理、考辨与审视，上述三组词语的概念范畴以及彼此之间的关系对本书的研究至关重要，应该对其概念进行深入辨析，对其之间的关系全面剖析，同时它们也是构筑本书主题框架的支点。

1. 制度的马克思主义阐释

在《现代汉语词典》中，制度被解释为："在一定历史条件下形成的政治、经济、文化体系"。[1] 按辞海的解释，制度是要求成员共同遵守的、按一定程序办事的规则。关于政治制度，《中国大百科全书》对其进行的解释是"在特定社会中，统治阶级通过组织政权以实现其政治统治的原则和方式的总和"。[2] 制度既可以表述国与国之间因交往而形成的一系列原则，也可以用来规定对组织、个人行为的约束。

---

[1] 《现代汉语词典》，商务印书馆，1978，第1478页。
[2] 《中国大百科全书》（政治卷），中国大百科全书出版社，1992，第514页。

不同学科总是从不同的角度、在不同领域来理解和使用制度。新制度经济学侧重于研究制度和交易成本的关系，其代表人物科斯认为，只要产权是明确的并且交易成本接近零或者很小，那么，无论初始产权归谁所有，市场最终达到均衡都将证明这种制度安排是有效率的。在科斯看来，制度可以使外部性因素内部化。诺思给制度下了明确的定义："一系列被制定出来的规则、守法程序和行为的道德伦理规范。"[1] 德国学者柯武刚和史漫飞以及日本经济学家青木昌彦也先后对制度做了解释，比较一致地认为制度是约束和规范个人行为的各种规则。制度是政治学研究的核心内容，先后形成了历史制度主义、理性选择制度主义和社会学制度主义，但是在制度与规则的关系上没有形成统一的观点。亨廷顿认为，制度是"稳定的、受到尊重的和不断重现的行为模式"。[2] 社会学把制度作为一种管理和控制社会的方式和规范体系。萨姆纳提把制度定义为："用于指导与约束社会成员行为的要求与标准。"[3] 马奇、奥尔森对静态、宏观的制度分析与动态、微观、个人的行为主义进行了双重批判与继承，将制度定义为"惯例、程序、角色、规划、组织形式以及政治活动建构的技术等，也可以是信仰、范式、符号、文化以及相关的知识等"。[4]

制度概念虽然在诸多学科中有着不同的定义与特征，但是，其一般性在于，制度是指某种共同体中人们所要遵守的一套行为规

---

[1] 〔美〕道格拉斯·C. 诺思：《经济史中的结构与变迁》，陈郁等译，上海三联书店、上海人民出版社，1994，第 225 页。
[2] 〔美〕塞缪尔·亨廷顿：《变革社会中的政治秩序》，李盛平等译，华夏出版社，1988，第 12 页。
[3] 〔英〕邓肯·米切尔主编《新社会学词典》，蔡振扬等译，上海译文出版社，1987，第 165 页。
[4] 〔美〕詹姆斯·G. 马奇、〔挪威〕约翰·P. 奥尔森：《重新发现制度：政治的组织基础》，张伟译，生活·读书·新知三联书店，2011，第 22 页。

范，既有如宪法、法律和规章等的正式制度，也包括如价值观、意识形态和习惯等的非正式制度。在制度研究中，通常在三个层次上使用制度这个概念：一是社会形态，如封建制度、资本主义制度、社会主义制度等，这是对社会制度的宏观考察，常常用于区别不同性质的社会；二是指某一领域的规则，如教育制度、社会保障制度、法律制度等，这是从中观层次对制度进行的考察；三是作为管理控制社会的方式和规范体系，如企业制度、产权制度等具体经济制度，这是对制度微观层次的考察，是根本制度的具体表现形式。

马克思恩格斯所关注的制度与社会性质紧密相连。他们往往根据社会生产关系的性质来区分社会制度，即区分为不同的社会形态。马克思在《德意志意识形态》中详细阐述了"社会形态"概念。马克思在梳理人类社会的发展史时，从所有制关系的角度将人类发展过程中所经历的历史划分为五个不同的社会形态。在《〈政治经济学批判〉序言》中，马克思从生产关系的角度把人类历史划分成几种社会形态更替的发展阶段，即"亚细亚的、古希腊罗马的、封建的和现代资产阶级的生产方式可以看做是经济的社会形态演进的几个时代"。[1] 此外，揭示了制度的起源及构成体系。认为制度是指人与人之间所结成的生产关系或社会关系的反映或产物，"存在状况只不过是各个人之间迄今为止的交往的产物"。[2] 通过对生产力与生产关系的研究，马克思恩格斯认为，制度是一个完整的体系。生产方式及同它相适应的生产关系是经济基础，立足于经济基础之上的法律的、政治的及意识形态的上层建筑构成社会的上层建筑，也就是社会的政治制度。"人们在自己生活的社会生产中发

---

[1] 《马克思恩格斯文集》第2卷，人民出版社，2009，第592页。
[2] 《马克思恩格斯文集》第1卷，人民出版社，2009，第574页。

生一定的、必然的、不以他们的意志为转移的关系，即同他们的物质生产力的一定发展阶段相适合的生产关系。这些生产关系的总和构成社会的经济结构，即有法律的和政治的上层建筑竖立其上并有一定的社会意识形式与之相适应的现实基础。"① 由于每种具体制度在人类社会发展过程中所处的地位以及所起的作用不同，每种具体制度都具有不同的层次，在各种具体制度中，经济制度是最基本的制度，对其他如法律制度、教育制度、文化制度等起决定作用。其他制度是对经济制度的反映。更进一步地，马克思恩格斯以生产方式、经济结构和社会形态的内部矛盾为根据阐明制度变迁的动力，即物质生产方式变化引起生产关系的变化进而引起上层建筑或慢或快地发生变化，制度的建立与发展不是一劳永逸的，"生产以及随生产而来的产品交换是一切社会制度的基础……一切社会变迁和政治变革的终极原因……应当到生产方式和交换方式的变更中去寻找"。② 马克思在深刻剖析资本主义社会生产力与生产关系内在不可调和矛盾的基础上，点明了资本主义制度向共产主义制度转变的复杂性与曲折性，"无论哪一个社会形态，在它所能容纳的全部生产力发挥出来以前，是决不会灭亡的；而新的更高的生产关系，在它的物质存在条件在旧社会的胎胞里成熟以前，是决不会出现的"。③ 马克思从社会基本矛盾运动的规律角度，表达了对社会主义制度最终战胜资本主义制度的坚定信心。

2. 社会主义制度与中国特色社会主义制度

马克思在《哥达纲领批判》中，第一次提出两个阶段论的思想，即"第一阶段"和"高级阶段"。在第一阶段社会实行"等量

---

① 《马克思恩格斯文集》第2卷，人民出版社，2009，第591页。
② 〔德〕恩格斯：《社会主义从空想到科学的发展》，人民出版社，1997，第58页。
③ 《马克思恩格斯文集》第2卷，人民出版社，2009，第592页。

劳动相交换"的原则,第二阶段社会实行"按需分配"的原则。这里,马克思归纳了社会主义的特征本质上是,高度发达的社会生产力、生产资料全社会的共同占有、共同劳动、按劳分配等。在马克思恩格斯之后,俄国的布尔什维克主义者列宁将科学社会主义学说进一步发展,认为:"社会主义称作共产主义社会的'第一'阶段或低级阶段"[①]"社会主义是共产主义的第一阶段"。邓小平在马克思主义创始人对未来社会表述的基础上,又根据中国具体的实践经验对这种制度的含义进行了创造性的发展:"社会主义的本质,是解放生产力,发展生产力,消灭剥削,消除两极分化,最终达到共同富裕",[②] 这是在和平与发展成为时代主题的历史条件下,对社会主义制度、基本制度的本质及制度的目的的科学认识。因此,社会主义制度首先是一种社会形态,是在某一社会中一定生产力基础上形成的经济基础及其上层建筑的体系。其次,这个体系是由政治、经济、文化、社会等领域中的基本制度所组成,这些基本制度体现着社会主义的根本属性。最后,基本制度需要体现落实在具体层面,是制度的实现形式,也是制度的具体内容。

20世纪50年代中叶,社会主义改造基本完成,标志着社会主义基本制度在中国的确立,为改革开放之后的中国特色社会主义制度的开创及发展奠定了基础。中国特色社会主义制度包括"人民代表大会制度这一根本政治制度,中国共产党领导的多党合作和政治协商制度、民族区域自治制度以及基层群众自治制度等构成的基本政治制度,中国特色社会主义法律体系,公有制为主体、多种所有制经济共同发展的基本经济制度,以及建立在根本政治制度、基本

---

[①] 《列宁选集》第3卷,人民出版社,1972,第255页。
[②] 《邓小平文选》第3卷,人民出版社,1993,第373页。

政治制度、基本经济制度基础上的经济体制、政治体制、文化体制、社会体制等各项具体制度"。① 中国制度因其鲜明的中国特色、明显的制度优势、强大的自我革新能力而成为当代中国发展进步的根本保障。中国制度的内涵：以科学社会主义为原则，以我国现实生产力为基础，以我国国情为基本依据，是在不断改革创新中形成的政治、经济、文化、社会各方面有效衔接、整体运行的制度体系的总和，是经济基础和上层建筑的统一，是民族复兴的制度支撑。《中华人民共和国宪法》明确了中国特色社会主义制度的本质属性，即"社会主义制度是中华人民共和国的根本制度"。② 这一制度区别于我国历史上一切剥削制度和资本主义制度，主要包括以实现人民当家做主为目的的基本政治制度，兼顾以效率与公平的公有制为主体和以按劳分配为主体的社会主义基本经济制度。"中国特色"，强调社会主义制度在中国表现出鲜明的实践特色、民族特色和时代特色，把"社会主义制度"与"中国文化"有机结合、把"历史与当代"紧密结合、把"普遍性与特殊性"辩证结合，在党的领导下经过不断制度创新，逐步形成符合中国国情、具有中国特色或"气派"的制度。中国特色社会主义制度经历了从选择社会主义制度到开创中国特色社会主义制度再到提出推进国家治理体系与国家治理能力现代化的全面深化改革的总目标，正在进行重大转型和完善健全。

3. 中国特色社会主义制度自信

自信，是人所具有的主观特征。第一，自信以主体自觉为前提，是对事物重要作用的高度认同。第二，要在历史－现实－未来

---

① 《十七大以来重要文献选编》（下），中央文献出版社，2013，第436页。
② 《十二大以来重要文献选编》（上），人民出版社，1986，第219页。

中把握其依据或基础以支撑自信。第三，要在信与疑中保持持久力，合理地信仰与辩证地看待、评价相结合。

制度自信，是指一定阶级对于自己所建立的制度符合社会历史发展趋势，从根本上说推动了社会生产力发展的信心。"制度自信"表示处于某种共同体的人在对制度的深刻认识和正确把握之上而形成的对这一制度的信仰和敬奉。这种信奉是人的自觉意识、自信理念和信仰力量的统一建构。

社会主义制度自信，一是对社会主义制度的思想逻辑性、政治合法性和客观必然性与优越性的认可，意味着社会主义制度在推进人的全面发展中获得自觉形式的提升。二是对社会主义制度的自我完善的信心。1872年恩格斯为德文版《共产党宣言》作序言时强调："这些原理的实际运用，正如《宣言》中所说的，随时随地都要以当时的历史条件为转移。"[①] 在马克思主义的指导下，适应具体环境、历史任务及时代变化的要求，在不断总结以往优秀经验和把握人类历史发展客观规律基础上接续发展，是社会主义制度的本质要求。

中国特色社会主义制度自信，就是指人民群众对中国特色社会主义制度所赖以建立的理论基础、推动社会进步的创新发展性及其未来发展前景的认同与自信。本书中的制度自信主要是指"中国特色社会主义制度自信"，是指对中国特色社会主义根本制度和基本制度的协调性、公平性、开放性等优势以及对具体制度自我革新的自信。当前中国的制度自信不是盲目的而是有确实根据的：首先体现在制度本身的科学性、系统性、自主性所表现出来的强大适应力；其次体现在社会主义建设尤其是改革开放以来所取得的一系列巨大成就；最后体现在中国特色社会主义制度不断追求努力实现以

---

① 《马克思恩格斯文集》第2卷，人民出版社，2009，第5页。

人为本的价值理念，得到最广大人民群众的认可和支持，这一制度有着深厚的群众基础。制度自信应该建立在辩证的、历史的、实践的唯物主义的方法上。所谓辩证地看待制度自信，既要充分合理认识中国特色社会主义制度的优势，也要看到制度的不足。所谓历史地看待制度自信，要在人类社会形态演进的过程中把握中国特色社会主义制度发展的历史逻辑。所谓实践地看待制度自信，是要把人的主观性放在客观实际中去检验自信的合理性，从现代化建设的实践中梳理自信，在实践中厚植中国特色社会主义制度优势。

## 二 研究背景与研究意义

### 1. 研究背景

其一，中国特色社会主义的成功彰显了社会主义制度的优越性。制度建设不是一朝一夕可以完成的，具有阶段性的特征，这就对我们的研究工作提出了新要求。经过四十年的不断向前推进，中国特色社会主义事业已经从"摸着石头过河"，进入总结实践经验、把握建设规律，逐步实现制度规范化、发展现代化的阶段。从社会主义制度初建到中国特色社会主义制度形成再进入中国特色社会主义制度的改革和完善期。在这个关键时期，经济社会发展的切实变化对中国特色社会主义制度提出了不断创新的要求，一方面，继续坚持和深化那些能够体现社会主义优越性和符合人民发展需要的制度，另一方面，改革和调整制约社会发展以及不符合时代要求、违背人民利益的制度。进行制度创新的前提是科学合理地认识当前中国制度自身优势，要从它确立和发展的特定历史中去把握中国特色社会主义制度的优势，全面和具体地将制度优势与推动制度建设促进经济发展、社会进步以及民族复兴紧密结合起来，以制度优势打牢中国特色社会主义制度自信的基础，凭借制度创新发展所形成的新成就来巩固制度建设新格局。

其二,全球治理格局的新变化是当前研究中国特色社会主义制度所面临的新情况。金融危机影响下的以美国为首的西方国家引领世界经济的实力相对衰弱,进入21世纪以来,新兴国家在经贸、投资、科技等领域都有不俗的表现,现已逐渐成为世界经济复苏的新引擎。新兴国家经济政治全面崛起成为推动国际秩序改革的重要力量,利益、义务与权力在全球范围内重新分配,也为中国积极参与全球治理提供了重要的战略机遇。中国自信源于中国特色社会主义道路自信、理论自信、制度自信和文化自信。改革和发展成就一方面是制度自信的前提、社会主义事业持续前进的根基,是推进中国特色社会主义更加蓬勃发展的条件,另一方面也可能成为满足于现状停滞不前的垫脚石、掩盖矛盾和问题的借口,成为一些人对中国特色社会主义制度骄傲自满的心理支撑。我们不会忘记,曾经取得过巨大建设成就的苏联,由于没有根据变化的现实条件及时调整妨碍社会进一步发展的具体体制,没有找到在社会主义条件下变革机制的正确途径,最终导致社会主义在苏联的失败。苏联的制度突变经历同样是现今中国进行制度建设的前车之鉴,所面临的一个极其现实的、必须认真对待的严肃课题就是在当代复杂多变的国际政治环境中如何高举中国特色社会主义旗帜,如何巩固中国特色社会主义制度。

其三,制度自信是新时期马克思主义意识形态建设的重要内容。马克思曾这样表述意识形态的重要性:"如果从观念上来考察,那么一定的意识形式的解体足以使整个时代覆灭。"[1] 党的十一届三中全会后,我国主流意识形态取得了重大创新,在有效整合日益复

---

[1] 《马克思恩格斯文集》第8卷,人民出版社,2009,第170页。

杂的社会多元利益、保持社会和谐稳定等方面发挥了重要作用。当前我国正处于全面深化改革的重要阶段，社会的多元化和信息的网络化互动明显加强，不同社会意识逐渐兴起、西方思潮涌入，巩固马克思主义主流意识形态变得十分必要。社会主义意识形态建设的主要任务是牢牢占领意识形态主阵地并适应历史条件的新变化，提升社会主义意识形态，在发展中继承，强化而不是淡化社会主义的身份特征。我国近年来相继提出的"和谐社会""中国梦""四个全面发展战略""五大发展理念"等新思想在国际社会产生了一定的影响，向世界人民展示了中国积极进取、和平友好的新面貌，响亮地宣告了"中国将去向何处"的基本问题。坚定道路自信、理论自信、制度自信、文化自信，进一步凝聚共识是当前社会主义主流意识形态建设的主体内容。从人类社会演进历史中比较不同制度是否具有进步性，尤其是从当前两种不同社会制度的竞争中把握社会主义制度的发展趋势。

2. 研究意义

其一，制度自信是中国特色社会主义优越性的制度体现。

中国特色社会主义优越性的重要载体是制度。新中国成立以来特别是改革开放以来，中国人民经历了站起来到富起来、强起来的重大转变，经济上获得了快速发展、人民生活水平显著提高、民主政治稳步前进，开创了"中国奇迹"。中国用30多年的社会建设成就，走完了西方发达国家300年所经历的社会变迁之路，社会主义的优越性正在通过社会制度体现出来，制度自信是中国特色社会主义优越性的制度体现。首先，中国共产党始终是中国特色社会主义事业的坚强领导核心。党的领导是中国特色社会主义制度的最大优势。制度自信表明对中国特色的政党制度的信任。中国特殊的历史与现实国情决定了中国实行一党执政，这是宪法明确予以确定的，避免了西方国家政党更替所带来的制度变化。同时中国共产党始终坚持"三个代表"重要思想，从根本上决定了党实行方针政策时能够很好地兼顾全国各族人民的整体利益和根本利益，使党的政策和国家方针保持连续性；在保障根本利益的前提下，正确处理党的其他方面的利益，同时党的性质和宗旨决定了中国共产党能坚决维护人民群众的根本利益，能正确处理好各领域的利益冲突，能很好地维护社会的和谐稳定。另外，中国共产党是人民的党，群众的党，从党成立之时就同人民群众保持了亲密的联系，在同人民群众亲密接触的过程中，共产党员一直起着先锋模范作用，深得人民群众的拥护。各级党组织遍及社会各个领域，加上中国共产党一直坚持加强各级党组织的建设，所有这些都有利于我们党更好地处理各种突发事件和自然灾害，使中国能够兼顾改革、发展和稳定，这些优势都是在其他制度和体制下实现的。党的十八大以来，中央坚定推行全面从严治党，是管党治党理论和实践的新发展。制度自信要求切实维护党中央权威和集中统一领导，要把全党全国各族人民团结起来，万众一心应对挑战风险。其次，中国特色社会主义制度是在现实基础上不断创新的产物，其性质决定了这一制度不是封闭的、静止的，而是根据社会实践的发展不断创新、不断完善，因而能一直适应不断发展的社会生产力，同时我们的制度又有自我纠错、自我革新的机制，能确保上层建筑和经济基础适应不断变化的社会生产力。通过革新经济体制，倡导社会主义市场经济体制，这一革新，极大地促进了社会生产力的提高，为经济社会发展提供了制度保障。作为一种超越资本主义的社会形态，在适应了社会化大生产发展要求下生产力的更高更快发展至关重要，党的十一届三中全会以来牢牢把握经济建设一心一意求发展，巩固公有制的主体地位。中国特色社会主义经济制度通过其与社会化大生产的一致性能更好地发挥集中力量办大事的优势，为发展社会生产力开辟了广阔的道路，确保中国特色社会主义有更强大的物质基础。最后，社会主义本质上是要实现人的全面发展。人即人民群众，既是社会主义建设的主体，同时也是发展成果的享有者。中国特色社会主义政治制度坚持人民主体地位，保证人民当家做主。制度建设要抓住处理好事关人们切身利益的根本性问题，努力实现全体人民学有所教、劳有所得、病有所医、老有所养、住有所居。妥善协调社会各阶层、各群体的利益，正确处理好效率与公平、生产与分配、先富与后富的关系，避免两极分化，以实现共同富裕。社会主义的优越性、中国特色社会主义制度的优势能否得到发挥，最终要看人民是否真正得到了实惠，人民对美好生活的向往是否得到了满足。

其二，制度自信是中国特色社会主义发展的精神动力。

"制度自信"的主体是指中国共产党领导下的中国人民，中国共产党领导下的中国人民也是社会发展的主体力量。当前我们进行的事业是一项前无古人的伟大事业，说到底，是对马克思主义的信仰，是对社会主义和共产主义的信念，制度自信表明中国共产党领导下的中国人民对中国特色社会主义的不动摇、不懈怠。坚持制度自信，就是要坚持我们在实践基础上创立发展革新的制度，坚信我们有能力完善我们的制度，坚信我们的制度是最适合我们当前发展的制度，从而坚持沿着我们既定的道路前进。一方面，我们的制度优势展现了光明的前景，即在中国共产党成立一百年时要全面建成小康社会，在新中国成立一百年时要建成富强民主文明和谐的社会主义现代化国家，实现中华民族伟大复兴。制度自信不是盲目自信，更不是掩盖当前我们制度上存在的缺陷。制度不自信就是人们质疑在中国特色社会主义制度下当今中国为什么问题仍然很多？制度不自信要用发展的观点来分析，客观地讲，中国现代化建设的国际国内环境都不太理想。国内环境，我们现代化的基础差，起点低，任务重，时间短。国际环境，西方国家采取政治孤立、经济打压、军事威胁等手段阻碍中国的现代化进程，要在这样的国内国际环境下，通过几十年的时间实现发达国家几百年的发展成果，这种发展模式必然会促使前现代的、现代的、后现代的等不同发展阶段的矛盾同时存在。现阶段存在的许多问题的解决是需要一个过程的，发展中出现的问题只能依靠继续发展去解决。制度自信就是在这样一个发展黄金期和矛盾凸显期并存的背景下展望未来，为中国特色社会主义继续前行提供动力，绝不能自我否定回到旧体制，也绝不能改旗易帜照搬西方模式。在中国特色社会主义的新路上人民不能失去积极性，要坚信中国特色社会主义制度经过不断革新一定能够处理好社会发展中存在的问题、化解矛盾、保持稳定、凝聚力量、攻坚克难，实现民族伟大复兴。另一方面，自信不是自满和封闭，中国特色社会主义制度是历史的选择、人民的选择，不仅要继续开拓前进，坚持经济、政治、文化、社会和生态文明建设"五位一体"的总体布局，还要经过艰苦奋斗，克服许多困难。中国特色社会主义制度是先进的，还要不断完善，在坚持根本制度、基本制度的前提下不断深化体制改革和进行制度创新，逐步形成系统完备、科学规范、运行有效的制度体系，使制度更加成熟定性，使制度能全面覆盖政治、经济、文化、社会及其生态环境等各方面的建设。制度自信表明中国特色社会主义可以把科学社会主义基本原则与时代特征、中国国情结合起来，把借鉴与创新结合起来，既继承人类文明的优秀成果和中华文明的精髓，又与时代接轨，在自主创新的基础上推进人类文明的发展。制度自信就是坚信中国特色社会主义制度会更加巩固和完善，中国特色社会主义道路会越走越宽广。

其三，研究制度自信，有利于人民群众增强对中国特色社会主义的认同感。

"制度自信"在实质上是对中国特色社会主义有信心，是对在社会主义初级阶段建设中国特色社会主义事业的自信，是对中国特色与社会主义有机结合的自信。在此意义上讲，不管是道路自信、理论自信、制度自信还是文化自信，都是中国特色社会主义自信的重要组成部分。"认同"与"自信"紧密相关，在全球经济、政治和文化发展的大背景下，中国共产党领导中国人民在革命、建设和改革中取得的成果，可以概括为中国特色的社会主义道路、理论和制度。认同中国特色社会主义的前提是对当前中国各领域的制度等内容的了解和关注，是对道路自信、理论自信、制度自信、文化自信的集中体现。社会主义作为一种社会制度，在不同的民族国家必然会有不同的特点。新中国成立后，中国共产党和中国人民在苏联社会主义建设的鼓舞下，根据自己的国情对社会主义经济建设的道路进行了不断探索，找到了能实现中华民族伟大复兴的道路。实现民族复兴是全体中华儿女共同的心愿，要实现这一愿望，必须坚持中国特色社会主义道路，首先应该加强人民群众对中国特色社会主义的认同感，必须坚定中国特色社会主义的道路自信、理论自信和制度自信。

通过对中国特色社会主义制度自信历史维度的分析，可以得出正确的结论。第一，只有社会主义才能救中国，只有中国特色社会主义才能发展中国。中国特色社会主义是党和人民长期实践取得的根本成就。中国特色社会主义虽然是在改革开放新时期开创的，但它是建立在我们党长期奋斗基础上的，是由我们党的几代中央领导集体团结带领全党全国人民历经千辛万苦、付出各种代价、接力探索取得的。自信是建立在实践基础之上的，实践证明中国特色社会主义是发展中国、稳定中国的必由之路。中国特色社会主义从历史中走来也要向未来走去，所以必须不断发展。第二，通过对中国特色社会主义制度自信实践维度的分析，我们深刻领会到中国特色社会主义是党带领和团结中国人民的旗帜。新中国成立以来，社会主义基本制度的建立不可逆转地结束了近代以后中国内忧外患、积贫积弱的悲惨命运，中国特色社会主义制度的形成不可逆转地开启了中华民族走向伟大复兴的历史进程。在这一伟大旗帜的指引下，广大人民群众积极投身于社会主义现代化建设，在自觉与自信中树立了中国特色社会主义共同理想，并不断增强对其的认同感。中国特色社会主义制度的特色和优势，不断增强了人们对中国特色社会主义制度的认同，坚信通过实践创新，不断健全现有制度，会使各方面制度更加成熟、更加定型，为夺取中国特色社会主义新胜利提供更加有效的制度保障。

### 三　研究综述

自党的十八大提出要"坚定道路自信、理论自信、制度自信"后，学术界也掀起了对中国特色社会主义制度和制度自信的研究热潮。在庆祝中国共产党成立95周年大会上，习近平总书记进一步提出了"全党要坚定道路自信、理论自信、制度自信、文化自信"，[①] 学术界由此展开了更加深入的研讨，并且形成了一系列有理论深度和实践价值的成果。

1. 关于"中国特色社会主义制度自信"的提出及思想基础

据从中国知网搜索统计的结果，自2011年以来，有关"中国特色社会主义道路自信"的论文有764篇，"中国特色社会主义理论自信"的论文有133篇，关于"中国特色社会主义制度自信"的

---

① 习近平：《在庆祝中国共产党成立95周年大会上的讲话》，人民出版社，2016，第12页。

论文有132篇。从出版的著作看，国内仅有《中国特色社会主义制度基本问题研究》、《坚定中国特色社会主义的道路自信理论自信制度自信，凝聚实现中国梦的伟大力量》和《理论自信十讲》、《道路自信十讲》、《制度自信十讲》等几部著作问世。已有的关于"中国特色社会主义制度"及"制度自信"的学术成果，分别研究了中国特色社会主义制度的内涵、优势和特点、形成与发展；制度自信的重要性，制度自信与制度价值、制度绩效的关系，制度自信与执政能力建设等。

2011年在庆祝中国共产党成立90周年的大会上，胡锦涛同志把九十年来中国共产党通过不懈奋斗、持续创造和长期积累所取得的成就归结为一句话，即"开辟了中国特色社会主义道路，形成了中国特色社会主义理论体系，确立了中国特色社会主义制度"。[①] 这是党的领导人第一次在"三位一体"的坐标体系中提出中国制度，即将"中国特色社会主义制度"、"中国特色社会主义道路"和"中国特色社会主义理论体系"统一于中国特色社会主义之中。中国共产党第十八次全国代表大会在进一步阐述"中国特色社会主义制度"内涵的基础上，又提出"道路自信、理论自信、制度自信"，形成"中国特色社会主义制度自信"的概念。习近平总书记在十八届中共中央政治局第一次集体学习时指出："要把制度建设摆在突出位置，充分发挥我国社会主义政治制度优越性。"[②] "要坚持以实践基础上的理论创新推动制度创新，坚持和完善现有制度，从实际出发，及时制定一些新的制度，构建系统完备、科学规范、运行有效的制度体系，使各方面制度更加成熟更加定型，为夺取中

---

[①] 《胡锦涛文选》第3卷，人民出版社，2016，第525～526页。
[②] 《习近平谈治国理政》，外文出版社，2014，第10页。

国特色社会主义新胜利提供更加有效的制度保障。"① 充分阐述了中国特色社会主义制度实践与中国特色社会主义理论创新之间的关系，阐述了制度自信与制度创新、理论创新的关系，表明当前制度自信源自当前理论的正确和实践的合理性。党的十八届三中全会以全面深化改革为主题，突出强调了"完善和发展中国特色社会主义制度"的根本方向是"全面深化改革"，"推进国家治理体系和治理能力现代化"是"全面深化改革"的具体路径。习近平总书记在庆祝中国共产党成立95周年大会上再次指出"全党要坚定道路自信、理论自信、制度自信、文化自信"。② 这是党内首次将文化自信上升到"根本"的地位，标志着党的"四位一体"的自信体系形成。党的理论创新成果为理论界研究中国特色社会主义提供了新的视域。

学界对制度自信的思想基础研究重点在以下几个领域。一是中国制度自信与科学社会主义原则的关系。肖贵清教授从中国特色社会主义制度的历史逻辑来分析制度自信的经济基础、政治基础和价值认同，指出制度自信是对中国制度的特色和优势的深刻认识和坚定信念，"中国特色社会主义制度既坚持了科学社会主义的基本原则，又根据我国实际和时代特征赋予其鲜明的中国特色，在探索中不断完善，逐步走向成熟，不仅符合历史发展的逻辑，保障了当代中国的经济发展和社会进步，也得到了广大人民群众的价值认同"。③ 顾钰民教授认为中国特色社会主义制度把有利于社会主义的经济、文化、政治、社会等合理因素都纳入了社会主义制度之中，"中国

---

① 《十八大以来重要文献选编》（上），中央文献出版社，2014，第76页。
② 习近平：《在庆祝中国共产党成立95周年大会上的讲话》，人民出版社，2016，第12页。
③ 肖贵清、周昭成：《中国特色社会主义制度自信的学理分析》，《马克思主义与现实》2013年第4期。

特色社会主义制度体现了马克思主义的科学社会主义原则，符合中国社会主义初级阶段的基本国情，顺应了和平、发展、合作的时代潮流，体现了经济全球化、世界多极化的发展趋势"。①

二是从中国特色社会主义制度的自我革新能力展开。如张雷声教授分析了制度在解决社会生活各个领域存在的矛盾与问题上仍然有很大的空间，这是制度自信的动力。"制度不完善并不必然导致制度不自信，只有不断坚持和完善中国特色社会主义制度，才能增强我们的制度自信。"② 以我国在历史和实践检验中得出的结论：在政治体制改革上坚定不移走中国自己的路，表明中国特色社会主义制度自信有深厚的群众基础。坚定制度自信与制度创新是有机统一的，反对裹足不前、故步自封，改革创新要在坚持根本制度、基本制度的基础上，不断推进制度体系的完善与发展。还有学者指出，中国特色社会主义制度自信要体现在全面深化改革过程中，中国特色社会主义制度优越性是增强中国特色社会主义制度自信的重要依据。中国改革之路任重而道远，中国特色社会主义制度自信同样也是进行时而不是完成时。

三是从制度自信与制度建设的关系展开。程伟礼研究员指出实现制度自信有三大历史使命：发扬民主与法制、肃清封建主义影响和实现制度改革及制度创新。增强制度自信，是推进制度建设和创新的根本问题，是为实现中华民族伟大复兴奠定更加坚实制度基础的内在动力。有学者指出，制度绩效与制度自信是一种作用与反作用的二元互动关系。制度绩效积极地作用于制度自信，促进制度自信的萌生和增强；制度自信有力地反作用于制度绩效，是促进制度

---

① 顾钰民：《论道路自信、理论自信、制度自信的理论与实践基础》，《马克思主义理论学科研究》2013年第10期。
② 张雷声：《增强中国特色社会主义的制度自信》，《新视野》2014年第1期。

绩效提升的重要主观因素。[①] 学者们的研究从理论上回答了"何为制度自信""何以制度自信"这个基本问题,从而更加使"坚持道路自信、理论自信、制度自信、文化自信"深入人心,有助于深入推进中国特色社会主义理论的学习和宣传。

2. 关于"制度自信"与"四个自信"相关性研究

党的十八大以来,习近平总书记在不同的场合都提到了文化自信,将文化自信同道路自信、理论自信、制度自信放到一起阐述。习近平在中央政治局第十三次集体学习时,首次提出了"文化自信和价值观自信"。在 2014 年两会期间,习近平指出:"我们要坚定理论自信、道路自信、制度自信,最根本的还要加一个文化自信。"2016 年 5 月 17 日,习近平在哲学社会科学工作座谈会上指出,"我们说要坚定中国特色社会主义道路自信、理论自信、制度自信,说到底是要坚定文化自信"。[②] 理论界围绕制度的形成与发展、制度绩效、制度优势等重大理论问题展开了科学而严密的研究,探讨新形势下如何加强制度自觉和自信,把握中国特色社会主义制度的本质,提高改革决策科学性,广泛凝聚共识,形成改革合力。有关"中国特色社会主义制度"和"中国特色社会主义制度自信"的研究,是与"道路自信、理论自信、制度自信、文化自信"之间关系的研究密切相关的。当前,学术界主要是以"四个自信"为主题,研究"四个自信"的科学内涵、实质、四者的关系、自信的主体、自信的时代价值等。

已有的研究成果主要集中在三个方面,一是总结了理论自信、制度自信、道路自信、文化自信的思想基础、历史依据、现实根

---

[①] 张明军、易承志:《制度绩效:提升中国特色社会主义制度自信的核心要素》,《当代世界与社会主义》2013 年第 6 期。

[②] 习近平:《在哲学社会科学工作座谈会上的讲话》,人民出版社,2016,第 17 页。

基，有助于深刻领会中国特色社会主义是党和人民长期实践取得的根本成就。学者们结合中国近代史与世界发展史比较系统地论述了中国特色社会主义道路、理论和制度产生的历史脉络，探讨了中国特色社会主义道路自信、理论自信、制度自信、文化自信的历史基础、实践基础以及国际环境。"自信"是对中国近代屈辱史的告别，是对中国共产党成立近100年来、新中国成立60多年来，尤其是改革开放40多年来中国现代史的肯定，也是对中国未来发展的期盼。"自信"是对建立在符合三大规律基础上的历史必然、人民选择、自主实践的清醒分析，也是对时代大趋势和历史发展机遇、挑战的全面及时把握。学者们剖析了中国特色社会主义道路自信、理论自信、制度自信、文化自信各自的内在逻辑以及四者之间的内在联系，明确了制度文明的重要理论根基。顾钰民教授认为，"三个自信"的历史依据是"科学认识当代中国"，实践基础是"科学把握中国发展的方向"，思想依据是"坚持与时俱进"。[①]

二是指明四个自信是一个有机的不可分割的整体，相互支撑、共同推进中国特色社会主义伟大事业。陈金龙教授分析了道路自信、理论自信、制度自信的实质、特征、功能，认为"通过全面深化改革推动中国经济社会持续发展，增进对于中国特色社会主义的认知与情感，把握客观评价中国特色社会主义的方法"是提升全党全社会对制度自信、理论自信、道路自信的路径选择。"四个自信"有共同的哲学基础，即运用马克思主义的立场、观点和方法构筑自信的学理基础，辩证唯物主义和历史唯物主义贯穿始终。"四个自信"有共同的实践依据，即我国改革开放和现代化建设的具体实践，有共同的目标指向，实现两个一百年的奋斗目标。"四个自信"

---

[①] 顾钰民：《论道路自信、理论自信、制度自信》，《思想理论教育导刊》2013年第1期。

是对中国每一个阶段目标的实现,每一步脚踏实地谋发展,为人类社会的发展做出巨大贡献的坚定总结。

三是在四个自信整体关系中侧重于把握制度自信的突出地位。制度是中国特色社会主义道路确立和发展的坚强政治保障,中国特色社会主义制度自信是中国特色社会主义事业接续发展的强大政治动力。林尚立教授从制度与发展的逻辑关系来阐释制度自信,提出制度自信是国家得以成长和巩固的精神基础与政治基础,是提升国家的内聚力与竞争力的重要内容。制度自信主要是对社会主义制度形态的信仰、对国家基本制度安排的客观认同、对中国特色社会主义制度优越性的理性把握、对中国不走邪路和老路的坚决支持、对中国文化强国的充分肯定,是道路自信、理论自信、文化自信的集中体现形式,因此更具突出价值。

3. 中国特色社会主义制度比较优势的研究

国际社会对于中国制度呈现了两极评价的趋向。赞同者认识到了中国制度的独特性、优越性,认识到了中国制度在中国建设发展中的重要作用;否定者则简单地把中国社会积累的尚未得到解决的矛盾和问题归结为制度自身有缺陷,对中国制度持有偏见,借机不断向包括中国在内的广大发展中国家不遗余力地推销西方制度和西方价值观。因此,有学者指出"制度自信"除了建立在对我国社会政治文化生态、国家政治制度等的综合认识基础之上,还应当具有世界视野、更高层次的理性认知,才能产生思想和身份上的归属感。只有通过比较才能说清中国制度的构成要件、运行机制和相对优势,才能使"制度自信"既具有国内视野也具有世界眼光,使国际社会理解、认同中国特色社会主义制度。

中国学者对中西制度的比较研究。当前,各种思潮纷繁复杂,在国内有一部分人就支持西方中心主义价值观,认为西方的发展道路和社会制度经过上百年的发展明显优于中国,提出不加任何批判地接收西方社会的发展模式,甚至把西方社会发展模式视为解决中国社会发展问题的根本出路。学术界也一度出现了盲目崇拜、简单搬运西方理论的倾向,脱离具体国情和时代条件,用西方理论简单评判中国现实、随意解读中国问题,或者用西方经验来证明西方理论范式的"普适性"。当然,主流观点认为制度的"优越性"只有通过比较才能彰显。王成礼认为中国特色社会主义制度打破了传统社会主义制度禁锢与西方主导制度的神话,社会各领域的一系列制度设计与制度安排表现出公平与效率的平衡优势、发展与稳定的协调优势、凝聚与动员的整合优势。[①] 张维为教授指出,西方有识之士在反思自己制度问题时的参照系几乎都是中国。国家是一个包括政治、经济和社会三个层面的有机体,西方民主模式最多只是改变了这个有机体的一些政治表象,另外两个层面根本改变不了,特别是社会层面的变化非常之难,也非常之慢。"颜色革命"的失败和"阿拉伯之冬"的出现都说明了这个问题。[②] 制度的价值目标会通过制度的运行力、革新力和生命力表现出来。中国特色社会主义制度始终关注如何实现人的解放,其价值目标是维护、保障和实现最广大人民的根本利益,这一价值目标使中国特色社会主义制度具有巨大的生长空间,不断革新又展示出制度的韧性。在人类文明发展历程中,中国特色社会主义制度在哪些方面对资本主义制度进行了超越,在哪些方面对传统社会主义制度进行了突破与继承,是中国制度之所以自信的焦点,中国制度在借鉴与超越、突破与继承中形成独特优势,积蓄活力与潜力,获得社会广泛认可,被看作人民当

---

[①] 王成礼:《从制度选择到制度自信:中国特色社会主义制度的生成逻辑》,《南京工业大学学报》(社会科学版) 2016 年第 12 期。

[②] 张维为:《西方的制度反思与中国的道路自信》,《求是》2014 年第 9 期。

家做主和中国发展进步的根本制度保障。林尚立教授认为,西方制度要解决的是高度的分散性如何整合为内在的一体化的问题,而中国特色社会主义制度建构的逻辑是传统的大一统国家在现代化转型中延续一体化。在这种比较中,制度建构的主体性、制度发展的现代性、制度运行的有效性、制度规范的法治性,是中国人对自己国家制度形成充分自信的基础。① 这些代表性的观点从实践与理论发展的维度、从以人为本和以民为本的价值维度、从统筹国内国际两个大局的维度、从世界眼光和时代意识的维度,阐释"中国制度何以自信"。可以看出,国内学者基本都从肯定的角度论述中国特色社会主义制度的优越性,从维护中国特色社会主义制度的立场分析中国特色社会主义制度所存在的问题,并积极探寻继续完善中国特色社会主义制度的方法和路径。

国外学者对中国特色社会主义制度优势的评价。由于中国制度的理论基础、制度价值与西方制度有着根本区别,国外学者和媒体对中国制度的评价带有浓厚的意识形态色彩,认为中国特色社会主义制度在性质上不是社会主义的,萨米尔·阿明以及热拉尔·杜梅尼尔就曾明确指出,中国在改革开放以后选择的是资本主义道路,②巴瑞·诺顿认为:"中国领导人成功地从一个混乱的威权体制中走出来,并创建了另一个进行了重大修正但依旧是威权主义的体制,这个体制已经在促进经济增长和将增长所带来的收益分配给广大人民方面取得了成功"。③ 弗朗西斯·福山在《民主依然挺立在"历史的终结"处》中,依然以西方的自由民主为视角观察,依然表达

---

① 林尚立:《中国制度是自主建构并合发展规律的》,《人民日报》2015年5月8日。
② 海印子:《加强同西方左翼学者的沟通——访中央编译局李其庆研究员》,《社会科学报》2013年3月14日。
③ 王新颖:《奇迹的建构:海外学者论中国模式》,中央编译出版社,2011,第25页。

出对中国制度的傲慢和偏见。这些观点与评论反映出国外学者对"社会主义"与"中国特色"之间究竟是什么关系并不理解或认可。随着中国特色社会主义制度所取得的成就及其在当今时代所体现的巨大优势,在反思西方民主中比较客观地评价中国特色社会主义制度已见端倪。如美国学者卡普兰在《理性选民的迷思》中分析了西方民主社会中选民的偏见,以及他们如何不断选择了与他们有同样偏见的,或者是装作有同样偏见的政治家,从而导致了错误的政策和低品质的政治家一次又一次地被推上了政治舞台。①

综上所述,理论界关于制度自信的研究成果,与国际社会对中国特色社会主义的高度关注、积极评价密切相关,为确立中国制度自信提供了重要支撑。主要集中在以下几个方面:一是马克思主义理论及其中国化的一系列成果,是中国特色社会主义制度自信的理论基础和思想前提;二是改革开放以来所取得的实践成果,是中国特色社会主义制度自信的现实实践基础;三是中国特色社会主义制度是实现中华民族伟大复兴中国梦的制度保障,制度自信是实现中国梦的政治基础;四是在经济多样化、思想多元化的中国经济政治文化生态环境下,加强对制度自信和制度自信认同的宣传和教育,是思想宣传工作和意识形态安全建设的重要任务。"制度自信"既是对历史的总结,又是对未来的宣言。已有的研究成果提供了许多积极的思想借鉴和方法论启示,具有非常重要的意义,但也留下了一些尚待深入研究的问题。第一,对制度自信的理论基础、实践基础、文化基础、制度比较优势等缺乏全面、系统的深入研究;第二,作为"四个自信"的重要内容,如何把握"四个自信"的内在关系,如何全面准确地把握制度自信的现实要求还需进一步深化;

---

① 蔡元明:《为什么西方的多党制不适合中国》,《红旗文稿》2009年第11期。

第三，中国特色社会主义制度话语的研究还需加强。总之，学界虽然对制度自信进行了比较充分的研究，但是还没有建构起较为系统完整的理论框架，这既为研究留下了空间，也彰显了本书研究的意义。

## 四 研究内容和研究方法

1. 研究内容

制度自信是贯穿全书的主线，除绪论外，主体内容为五章。

第一章，回答中国特色社会主义制度自信的维度，即制度为何自信。

要从古今中外的思想家，特别是现代西方思想家关于资本主义制度自信的分析中，概括出制度自信的维度。空想社会主义者对未来社会进行了价值观、法律文本的描述并涉及所有制理论，近代资产阶级思想家认为资本主义制度实现了人的自然权利，商业交换增加了社会财富，市场经济确保了经济主体的平等地位。马克思主义吸收了空想社会主义者对理想社会的合理设想，对资产阶级维护资本主义制度的观点进行了反击，揭示了生产力的极大发展将会使公有制成为不可逆转的历史潮流，无产阶级领导下的人民群众在社会主义制度中的主体地位日益明显，社会主义制度自信已不只是憧憬而是有现实物质根基。中国特色社会主义制度自信沟通了历史与未来，融汇了理论与现实，呈现了价值与优势。

第二章，总结中国特色社会主义制度自信的根据，即制度何以自信。

中国特色社会主义制度在递进地实现经济现代化、政治现代化和治理现代化的过程中，马克思主义与中国化的马克思主义是制度自信的理论依据。中国特色社会主义制度的形成离不开近代民族救亡的制度探索史，中国特色社会主义制度的发展离不开中国共产党对新制度的不懈追求，中国特色社会主义制度自信是在前后相继的历史中形成的，制度自信有其历史逻辑。中国特色社会主义制度自信是中国传统文化中哲学观、价值观、伦理观的深刻体现。理论依据、历史逻辑、文化基础是中国特色社会主义制度自信的"根"与"源"。

第三章，阐释中国特色社会主义制度自信的内容，即制度自信什么。

中国特色社会主义制度承载着民族复兴的中国梦，中国共产党领导下的中国人民在制度下形成内聚力、进行协商统筹、实现共存共荣；中国特色社会主义制度为如何协调计划与市场、资源配置与宏观调控这个世界性难题提供了新的思路，多样化的所有制实现形式，发展社会主义市场经济既是对传统社会主义模式的突破，也是对新自由主义的有力回击，中国特色社会主义制度搭建起人类解放的阶梯。

第四章，分析中国特色社会主义制度自信面临的挑战，即制度如何自信。

在全球化背景下，中国特色社会主义制度能不能实现转型、怎样推进制度治理现代化、如何继续保持制度比较优势以应对"中等收入陷阱""塔西佗陷阱""修昔底德陷阱"，是当下与未来中国制度自信需要突破的困境。

第五章，展望中国特色社会主义制度自信，即制度应该自信。

党的十八届三中全会向世界宣布了深化改革的坚定决心，也宣布了巩固中国特色社会制度自信绝不改变。发展实现了制度自信，未来中国的发展会继续解决前进道路上的新问题、新矛盾，也将会解决制度自信面临的种种问题。向世界展示制度自信，要建构讲好中国故事的话语体系，制度自信是中国特色社会主义发展的重要力量，我们有理由相信，中国特色社会主义制度会更加成熟、更加定型。

2. 研究方法

（1）文献研究法。收集资料、查询大量有关中国特色社会主义制度的资料和制度自信的期刊文献、研究论文和著作，对中国特色社会主义制度自信的历史渊源、理论基础、现实依据及文化基础进行了疏通与清理。通过文献综述为中国特色社会主义制度自信研究提供理论支持。

（2）比较研究方法。本书力图将中国特色社会主义制度的优势分析置于人类社会制度文明发展的横向比较与社会主义制度变迁的纵向比较中，深刻总结近代以来170多年的中华民族发展历程，积极探究现代中国和平崛起的制度因素。通过对古今中外发展的历史比较，深入探寻"落后国家"发展的一般规律、基本条件和动力源泉，从而为实现中国梦提供借鉴。

（3）历史分析法。本书从历史的角度获取马克思主义经典作家对人类社会发展的一般规律、社会主义制度的历史必然性、社会主义的特征以梳理"制度自信"的思想发展史。列宁曾经指出："为了解决社会科学问题，为了真正获得正确处理这个问题的本领而不被一大堆细节或各种争执意见所迷惑，为了用科学眼光观察这个问题，最可靠、最必需、最重要的就是不要忘记基本的历史联系，考察每个问题都要看某种现象在历史上怎样产生，在发展中经过了哪些主要阶段，并根据它的这种发展去考察这一事物现在是怎样的。"[①] 这一历史分析的方法对于我们研究"制度自信"问题同样是适用的。

---

① 《列宁选集》第4卷，人民出版社，1972，第43页。

# 第一章 制度自信的思想溯源及其维度

制度的形成与发展离不开时代背景和现实条件，每一种制度都有其历史进步性和局限性，制度的形态演进就是一个摒弃局限性、追求进步性的过程。自信就是建立在对制度的历史进步性和局限性的客观认识基础之上的。马克思主义者批判了道德憧憬的空想性，揭露了所谓合乎自然理性的私有制的虚假性，提出了社会主义制度自信的基础、前提、阶级力量及历史必然。本章结合马克思主义者对社会主义制度自信的探析，归纳中国特色社会主义制度自信的维度，构建中国特色社会主义制度自信的分析框架。

## 第一节 空想社会主义者对未来制度的道德憧憬

从16世纪初期至19世纪40年代空想社会主义学说的产生和发展，在社会主义发展史中有着重要地位，对科学社会主义的产生和发展有着深远的影响。无论是早期的托马斯·莫尔、康帕内拉，还是晚期的圣西门、傅立叶、欧文，他们在生产方式大变革的历史背景下，勇于批判社会现实、尝试理想社会的建构，提出了主权在民、人的自由发展等思想。尽管这些思想并没带来社会形态的实质性的变化，但思想家们在对未来社会制度的探索中展示出对公有制、平等劳动、自由发展、社会和谐的期盼。

## 一 早期空想社会主义对劳动平等的追求

在资本原始积累早期和家庭手工工场时期，基督教垄断着人们的思想，基督教教义中扶危济困、互帮互助、消除贫富分化等思想内容，深刻地影响着空想社会主义者对社会制度的设想。这一时期空想社会主义者主要是采用文学描述、法律条文的形式展开对现存社会的谴责，并对理想社会进行特征性描绘。

英国的托马斯·莫尔是最早的空想社会主义者。托马斯·莫尔抨击封建专制制度和揭露资本原始积累之本质，通过对"乌托邦岛国"的细致描述，抨击了无休止的战争、社会的困苦，表达了对和平宁静的向往，认为理想社会是"没有私有制"、"没有阶级对立"和"没有暴政"的。托马斯·莫尔提出财产私有是不幸的祸源所在。"如果每个人有自己的财产，幸福是不能达到的。当每个人可以凭借法律去拼命挣钱，那就不管一个国家有多大的财富，财富总是落到少数人手里，被他们分掉，其余的人就变成贫困不堪。"[①] 美丽而洁净的乌托邦，所有的财产都为公有。每个公民都习农事并拥有专门的手艺，每天工作六小时已能满足集体的所有需要。工作之余进行演讲、欣赏音乐等消遣活动。他们不重视金银财帛，除了性别和已婚未婚有所差异外，人们都穿同一式样的朴素衣服。他们以真正享乐为生活目标，鄙视狩猎等野蛮的活动，认为人生的快乐在于健康及智慧。乌托邦人都致力学习希斯拉德介绍的希腊学问，其中亦有人皈依基督教。他们对城市之间共同存在

---

① 〔英〕托马斯·莫尔：《乌托邦》，戴镏龄译，商务印书馆，1982，第55页。

的各种宗教互相容忍,任何宗教事务上的暴行都受到惩罚。他们憎恨战争,但在关系到国家的生死存亡的时候,都敢于发动战争保卫国家。每年每月的首日及末日,各派宗教的人都齐聚一堂,在美丽庄严的教堂内共同祭拜,仪式不冒犯任何教派。他们在欢乐的一生过后,离世时莫不对来世充满希望。"在乌托邦,私有制根本不存在,一切归全民享有……这儿没有物资分配不平衡现象。"① 在莫尔看来,未来制度是建立在人与人之间自然平等的基础之上的。

在社会主义史上,同莫尔并列的另一个杰出空想社会主义者是康帕内拉,他们都是早期的空想社会主义代表。康帕内拉在《太阳城》中抨击了人剥削人的私有制的社会制度,主张理想社会应该是"没有阶级区分""没有贫富的对立"的,公有制下会实现"共同劳动、共同消费"的美好社会。"在他们的公社制度下,太阳城的人民都是富人,但同时又是穷人;他们都是富人,大家公有一切;他们都是穷人,因为每个人都没有私有财产。他们使用一切财富,但又不为自己的财富所奴役。"②"太阳城居民不使用仆人,使用仆人的结果会造成使人腐化的习惯,他们都是自己动手做事。"③"极端的贫穷是一切卑鄙、无耻、奸诈、盗窃等的根源。财富同时是祸根,财富很容易培养骄傲、厚颜、吹嘘、奸诈、夸张和自私。"④ 然而康帕内拉把所有制简单地归为财产占有关系,"用普遍的私有财产来反对私有财产的这个运动以一种动物的形式表现出来:用公妻制(也就是把妇女变为公有的和共有的财产)来反对婚姻(它确

---

① 〔英〕托马斯·莫尔:《乌托邦》,戴镏龄译,商务印书馆,1982,第79页。
② 〔意〕康帕内拉:《太阳城》(第2版),陈大维等译,商务印书馆,1980,第24页。
③ 〔意〕康帕内拉:《太阳城》(第2版),陈大维等译,商务印书馆,1980,第23页。
④ 〔意〕康帕内拉:《太阳城》(第2版),陈大维等译,商务印书馆,1980,第24页。

实是一种排他性的私有财产的形式）。人们可以说，公妻制这种思想暴露了这个完全粗陋的和无思想的共产主义的秘密"。① 可见，康帕内拉并没有跳出封建所有制的局限，也无法正确区分封建所有制与资本所有制的不同特点。

早期空想社会主义者明确批判了私有制造成人受到物的奴役状态，主张在手工劳动基础上建立一个没有剥削和压迫的理想社会，他们认为平等应该首先表现为劳动平等，劳动平等是理想社会的价值观基本点，是评价社会制度优劣的重要依据，构思了社会主义发展的最初思路。

## 二 空想平均共产主义对共产主义体制的描述

18 世纪初期，空想社会主义者把资本主义制度描述为"让少数人把锁链套在多数人的脖子上"的制度，是一种新型的奴隶制度。这一时期主要代表人物有英国的温斯坦莱，法国的摩莱里、马布利和巴贝夫。他们在设计未来理想社会时，以农村公社和手工工场为原型，设想通过普遍平等的办法消灭因私有制引起经济上和政治上的不平等，建立完全平等的共产主义体制，提出不仅要消灭私有制，还要消灭阶级特权和阶级。

作为掘地派运动的著名领袖温斯坦莱把新型社会制度称为"真正自由的共和国"，认为私有制是剥削的根源并提出土地公有制的思想。更为重要的是，温斯坦莱制定了一整套法律，较深刻地提出和初步解决了如何对一般公民，尤其是公职人员进行监督的问题，以防止他们变为新的压迫者和剥削者。"所有监督人和公职人员每年都要改选一次，以预防野心和贪婪的产生，因为人民已经尝够了

---

① 《马克思恩格斯全集》第 42 卷，人民出版社，1979，第 118 页。

公职人员长期担任某种职务或世袭职务所带来的痛苦。"[1] 温斯坦莱在《自由法》中制定社会管理的各种法规，开创了以法律条文表达社会主义理想的新形式。摩莱里认为私有制是"罪恶之母"，"在没有任何私有财产的地方，就不会有任何因私有财产而引起的恶果"，[2] 他从人的自然性出发研究和分析社会政治和道德现象。"人是生来就要活动的创造物，确实如此；如果没有任何东西使他背离自己真正的使命，那么他会进行有益的活动"，[3] 提出政治道德制度的建立必须符合人的自然精神。摩莱里把全部财产进一步区分为生产资料和生活资料，初步提出生产资料公有制的思想，"田地不属于种地的人，树木不属于采果的人"。[4] 摩莱里的《自然法典》从自然规律的角度来规范和矫正人类社会，明确提出法律面前人人平等原则，"在任何社会里，要把世界的物质财产平均分配和维持这种分配，这从道德上来说是不可能的，所以，有富人和穷人之分，是绝对必要的。但是，当这种财产上的不平等一旦被明智的法律所调节和弥补，就会产生出极其美妙的和谐"。[5] 温斯坦莱和摩莱里对理想社会的设计都是从"法"的角度进行，认为"法"是社会管理的基本原则，保证着社会的有序运行，"法律是国家的真正管理者"。[6]

加布里埃尔·邦诺·德·马布利首先在道德层面谴责私有制的不平等，"这种不祥的私有制是财产和地位的不平等的起因，从而也是我们的一切罪恶的基本原因"。[7] 他在《论法制或法律的原则》中提出实现社会平等首先要经历一个过渡性阶段，这个阶段会对私

---

[1] 《温斯坦莱文选》，任国栋译，商务印书馆，2009，第201页。
[2] 〔法〕摩莱里：《自然法典》，黄建华、姜亚洲译，商务印书馆，2009，第26页。
[3] 〔法〕摩莱里：《自然法典》，黄建华、姜亚洲译，商务印书馆，2009，第45页。
[4] 〔法〕摩莱里：《自然法典》，黄建华、姜亚洲译，商务印书馆，2009，第171页。
[5] 〔法〕摩莱里：《自然法典》，黄建华、姜亚洲译，商务印书馆，2009，第38页。
[6] 《温斯坦莱文选》，任国栋译，商务印书馆，2009，第199页。
[7] 《马布利选集》，何清新译，商务印书馆，1983，第38页。

有制进行一定程度的限制和改造，主张最终由公有制代替私有制，论证了私有制社会被新的公有制社会所代替的合理性和必然性。积极探索实现理想社会的具体途径，表明了马布利对实现公有制社会的信心。法国革命家巴贝夫看到了在资本主义手工工场的发展过程中所形成的社会财富占有的不平等及阶级剥削的不公平，设想建立具有平均主义和禁欲主义特点的"共产主义公社"。在巴贝夫看来，经济平等是政治平等的基础保障，要实现经济上的真正平等，就必须实行公有制，实行计划经济。莫尔曾在乌托邦中初步提出了有计划地生产的思想，巴贝夫则对有计划地组织生产的思想进行了比较清晰的阐述，"我们未来的制度将使一切都按计划来进行"，[①] 社会按照当前的需要和人口增长的情况来安排生产。他认为一切真正的需要最终能够完全得到满足，就要预先把这种需要进行严密的审查，再妥帖地安排有计划的生产，使极小和极边远的地方也能够完全地迅速供应，由此而消除盲目经营和生产过剩的危机。为保证生产有计划性，巴贝夫认为还应设立相应的管理和调节机构。

这一时期空想家们对理想社会的展望建立在两个方面。一是在公有制基础上进行平等的财产分配。公有制使各得其所变得公平，每个人都按公平原则行事，以实现合理公平的社会福利分配。二是认识到符合阶级利益的国家和法的重要作用，尤其是提出了空想社会主义的法律蓝本，注重法律建设、制度建设，重视劳动和人的发展。

## 三 批判的空想社会主义对社会和谐的期盼

从第一次工业革命开始到 19 世纪二三十年代，在巨大生产力

---

[①] 〔法〕G. 韦耶德、C. 韦耶德合编《巴贝夫文选》，梅溪译，商务印书馆，1962，第 90 页。

的推动下，无产阶级和资产阶级的矛盾日益尖锐。到19世纪初，空想社会主义进一步发展，三大代表人物圣西门、傅立叶、欧文，以机器大工业生产为背景，摆脱了小生产主义、复古主义、禁欲主义等传统思想的束缚，把批判的矛头直接指向资本主义和资产阶级，开始采用详细的论证形式，对整个社会制度的基础——所有制进行合理的分析，初步把所有制当作经济关系来看待，而且还倡导并亲自投入了轰轰烈烈的新制度实践。从而把空想社会主义所有制理论推到了一个前所未有的高度，比较深刻地揭露了资本主义制度的不合理，并设想了未来理想社会的制度。

圣西门主张用和平的方式实现社会的变革，并进一步指出旧的制度终将被理性和永恒正义的实业制度所取代。圣西门认为，"议会政府形式都好，但这仅仅是形式，而确定所有制才是本质。这种制度正是社会大厦的基石。可见，应当解决的最重要问题，不外是应当如何建立所有制，使它在自由和财富方面最有利于整个社会的问题"。[①] 圣西门初步意识到经济状况是包括政治制度在内的社会制度的基础，他设计的"实业制度"体现了"两权分离"的思想。圣西门对当时法国实业状况做了深刻的分析，指出法国最重要的实业部门是农业，农业发展是法国经济繁荣的必要途径。圣西门认为法国农业落后的原因是土地耕作者规划经营土地时无政治自主权，而土地所有者依仗权势对其耕作横加干预，这种矛盾状况导致土地无法得到充分利用，进而提出了划分土地的所有权和经营权要在土地所有权和经营管理权分离的前提下改变这种矛盾。促使土地所有者把手中掌握的土地经营管理权真正交给土地耕作者，双方通过订立契约的方式达到共享收益、共担亏损、共同纳税的目的。但是圣

---

① 《圣西门选集》第3卷，王燕生等译，商务印书馆，1985，第226页。

西门还没有进一步地把生产资料所有制关系进行所有权、支配权、占有权和使用权的划分,而生产资料所有权、支配权才是生产资料占有权和使用权的基础。在圣西门设想的实业制度下,实业者(包括资产者)没有任何特权,人人平等劳动,按计划发展经济,社会生产以满足人的物质生活和精神生活的需要为根本目的,每个人按个人的才能和贡献获得相应的报酬。

傅立叶则提倡他自己创立的"和谐制度",并且以此取代现实社会中腐朽的资本主义制度。法郎吉是构成和谐社会的基层单元,它是包括工业、农业、商业、家务、教育、科学、艺术在内的综合性的生产和消费协作组织。傅立叶认为,人类要走出社会混乱的应对之策是协调社会制度内部的各种关系,既能实现个人的自由又能满足集体的协调统一。傅立叶的"股份制"思想实质是以股本的形式保存生产资料私有制,并没有实现生产资料的所有关系的改变,只是对生产资料所有权与经营权的改变。恩格斯认为这一制度止于"改良","原来在关于协作和自由劳动的一切漂亮理论后面,在慷慨激昂地反对经商、反对自私和反对竞争的连篇累牍的长篇言论后面,实际上还是旧的经过改良的竞争制度,比较开明的囚禁穷人的巴士底狱!"[①]

欧文指出资本主义社会到处笼罩着劳动人民的贫困。根据劳动联合、消费联合、财产联合和权利均等的原则建立起来的"新和谐公社",可以改变资本主义社会的混乱和自私。公社的最高权力属于由农、工、商、学结合起来的全体社员大会,社员大会拥有对一切重大事务、问题的决定权,社员大会通过选举产生的各种社区委员会行使管理公社各种事务的职能。在统一计划下组织生产和发展

---

① 《马克思恩格斯全集》第1卷,人民出版社,1956,第579页。

经济的新和谐公社中，全体社员是一个大家庭，任何人的活动没有地位高低之分，成年人都享有平等的权利，实行财产公有将永远摆脱经济危机。欧文把合作制看作未来社会细胞的思想，他的研究和探索是在假设公有制已经存在的前提下进行的，为了实现新道德世界，欧文带领了一批志同道合的人去美国进行了新和谐村的试验。欧文力图尝试在一定范围内、一定程度上进行共产主义实践，即通过共产主义移民区的试验来消除社会贫困，在合作运动、性别平等、教育和宗教等方面都对美国社会产生了一定影响。但是没有找到实现生产资料公有制的正确途径，经过四年的实践发现这个办法完全不成功，并且其反对通过暴力对社会关系进行社会主义改造，因此欧文所倡导的合作运动只能在空想中转圈子。

## 第二节　近代资产阶级思想家视界中的制度自信

近代资产阶级思想家以自然法为理论形式来抨击君权神授，要求从封建制度中解放人的自然权利，同时宣扬财产私有及更多地占有财富是人的本性。他们认为对利润的追求是推动社会生产的强大动力，资产阶级由于市场的开拓而使整个世界市场逐步连接成为一个整体，使一切国家的生产和消费都成为世界市场的一部分和一个节点，"过去那种地方的和民族的自给自足和闭关自守状态，被各民族的各方面的互相往来和各方面的互相依赖所代替了"。[①] 他们认为市场经济是实现社会资源有效配置的法则，经济主体在资本主义制度中依然是平等的。据此得出，资本主义制度创造出了巨大的生

---

[①]《马克思恩格斯文集》第 2 卷，人民出版社，2009，第 35 页。

产力，推动了科技进步和社会发展。

## 一 人的自然权力理论：资产阶级制度自信的理论基础

资产阶级启蒙思想家反对君权神授论的有力思想武器是自然权利（或天赋权利）理论，他们认为生产力的发展使人们逐渐有了挣脱各种封建枷锁的强烈愿望，市民社会的发展满足了对人格的独立与尊严、意志自由和个人幸福的要求。资本主义经济继续向前发展，资产阶级要求在政治上推翻封建专制统治，依据人的理性原则和享有天赋权利的要求建立资产阶级民主国家。资产阶级启蒙思想家的理论有以下几点。第一，每个人都生而拥有上帝所赐予的为维持自己生存所需的一切权利，人们据此占有生活必需品。第二，每个人的自然权利是平等的，任何人都没有凌驾于他人之上而主宰他人的权利。符合"自然"的理性要求和规定的权利要由法所保障，自然权利要转化为法律权利，合理的法律法规不仅尊重而且保护每个人的人格和权利，归个人所有的财产不容侵犯。第三，人们凭借暴力手段保卫自己的自然权利，常常会处于战争状态，形成弱肉强食的局面，为了解决人们共生共存的问题，每个人都要做出让步，把交出的一部分自然权利集合而形成公共权力，由国家规范和调整共同体成员相互之间的关系，国家给每个人的自然权利划定了边界。因而，社会契约是一切社会制度的起点，通过契约将某种共同体的成员，以及他们生存所需的土地、资源构成一种享受公共权益的团体，"根本契约并没有摧毁自然的不平等——自然所造成的人与人之间身体上的不平等，但是，却以人们在道德上的与在法律上的平等来取而代之了"。①

---

① 〔法〕卢梭：《社会契约论》，戴光年译，武汉出版社，2012，第31页。

封建社会的迅速瓦解宣告了西方资本主义社会的到来，商品经济的复兴促使个人确立独立人格，既然自由、平等是人们实现人性的根本保证和基本形式，那么进一步要求拥有政治权力就成为自然权利的合理要求。资产阶级启蒙思想家把个人及其相关的自由、利益、权利等作为国家学说的出发点，他们的政治思维仍然是市民社会决定国家，把资本主义国家的形成建立在了世俗的基础之上。霍布斯把自然法视为人类由自然原始状态进入公民社会的门槛，以此确立起个人权利的至上性原则；洛克主张君主拥有执行权、对外权，国会拥有立法权，立法机关是最高权力机关。洛克认为政府的首要目的是保护私有财产，"政治权利就是为了规定和保护财产而制定法律的权利"。① "未经人民自己或其代表同意，决不应该对人民的财产课税。"② 他以自然状态为背景，以自然法名义把财产列为人的自然权利，"人既是自己的主人，自身和自身行动或劳动的所有者，本身就还具有财产的基本基础"。③ 自然法通过人们的劳动，给人们以财产权，"财产的幅度是自然根据人类的劳动和生活所需要的范围而很好地规定的"。④ 他还进而把雇工剥削、圈占土地都说成天经地义的事。"经过这样圈用后所剩下的土地，对于其余的共有人来说不会同当初全部土地的情况一样，因为那时他们都能使用全部土地。"⑤ 显然，洛克学说反映和代表了资产阶级和新贵族的利益，不承认私有制下的资本对劳动力的剥削与掠夺，把资本主义私有制看作合乎理性的理想制度。洛克、卢梭的自然权利学说与封建等级思

---

① 〔法〕洛克：《政府论》（下篇），叶启芳等译，商务印书馆，1964，第2页。
② 〔法〕洛克：《政府论》（下篇），叶启芳等译，商务印书馆，1964，第90页。
③ 〔法〕洛克：《政府论》（下篇），叶启芳等译，商务印书馆，1964，第28页。
④ 〔法〕洛克：《政府论》（下篇），叶启芳等译，商务印书馆，1964，第22页。
⑤ 〔法〕洛克：《政府论》（下篇），叶启芳等译，商务印书馆，1964，第22页。

想相比具有历史进步作用，他们的分权学说关注的是人的自然权利的实现，如何实现权利不能脱离既定的历史背景和法治基础，是自然法思想的重要转折点。

## 二　商业交换和市场机制：资产阶级制度自信的制度基础

### （一）商业交换促进了资本主义社会的自然和谐

资产阶级启蒙思想家认为，商业交换必然加速封建社会人身依附关系的解体，使个人重新获得自由独立。"只要把商品或劳动还只是看作交换价值，只要把不同商品互相之间发生的关系看作这些交换价值彼此之间的交换，看作它们之间的等同，那就是把进行这一过程的个人即主体只是单纯地看作交换者。只要考察的是形式规定，——而且这种形式规定是经济规定，是个人借以互相发生交往关系的规定，是他们的社会职能的或彼此之间社会关系的指示器，——那么，在这些个人之间就绝对没有任何差别。每一个主体都是交换者，也就是说，每一个主体和另一个主体发生的社会关系就是后者和前者发生的社会关系。因此，作为交换的主体，他们的关系是平等的关系。在他们之间看不出任何差别，更看不出对立，甚至连丝毫的差异也没有。"① 他们认为，人类自从进入商业社会阶段就告别了狩猎、畜牧乃至农耕时期的贫困社会，商品的出现、商业的兴盛使人们脱离了生活在"卑污、残忍和短寿"的自然状态中，"看不见的手"会通过每个人的自利活动而达成交换各方的互惠与和谐。"由于整个社会的劳动产出如此巨大，以至个人都得到丰富的供应。而且任何一个工人，即使是最贫

---

① 《马克思恩格斯全集》第30卷，人民出版社，1995，第195页。

穷低下的，只要勤俭，就会比任何野蛮人享有更多的生活必需品与便利品。"① 人们在资本主义社会中参与一切经济活动就是为了追求自身的利益，商品交换中无论是买方还是卖方，进行互通有无、物物交换都是既要满足自己的利己心，又要刺激并满足对方的利己心，利己与利他在公平交易中得以实现。双方通过交换各取所需，解决了利己与利他的矛盾，既实现了自身利益，也生成了社会的普遍利益。交往产生了分工，"他对他们的需要做出丰富的供应，他们也对他的需要做出同样丰富的供应，于是社会的所有不同阶级都变得普遍富裕起来"。② 在社会分工的条件下，资本主义社会乃至整个人类社会形成了一个为彼此提供商品、交换劳动、相互满足需要的巨大体系，每个人在这个体系中都能得到自己所需要的商品。在斯密看来，"经济人"出于利己心越是追求个人利益，就越会增进整个社会的利益，越会促进资本主义社会达到自然和谐的状态。休谟认为商品交换就是商品所有者同意"将所有物和财物给予另外一个人"，这是资本主义社会正义的重要法则之一，"只要私人经商和私有财产得到社会权力机构的较大保障，社会本身就会随着私人商业的繁荣发达而相应强盛起来"。③ 穆勒在《政治经济学原理》中指出，商业的发展打破了原有的经济依存方式，把资本主义制度的竞争性和功利主义作为其优越性来看待。

### （二）市场经济法则是经济主体平等的基础

资产阶级启蒙思想家提出要摆脱生产规模狭小、生产手段落

---

① 〔英〕亚当·斯密：《国富论》（全译本），谢宗林、李华夏译，中央编译出版社，2012，第2页。
② 〔英〕亚当·斯密：《国富论》（全译本），谢宗林、李华夏译，中央编译出版利，2012，第14页。
③ 〔苏格兰〕休谟：《休谟经济论文选》，陈玮译，商务印书馆，1984，第5页。

后、市场封闭、人身依附关系突出的封建宗法式落后状态，就要解决资源如何实现最佳配置的问题，并认为市场经济具有自由、公平、产权明晰的特征，要建立和规范市场经济法则。从亚当·斯密、萨伊到约翰·穆勒、马歇尔都认为市场经济是内在完美的，具备自我均衡机制的完善体系，市场本身的均衡调整机制足以保证经济长期均衡运行，并可以导致资源的最佳配置。市场经济万能论思想的基本观点有以下几点。

第一，财产私有明确了主体的权、责、利关系有利于经济发展。资产阶级启蒙思想家提出顺应、尊重人的利己性而明确财产的个人归属。利己性是人类一切合乎理性经济行为的基础点，也是资产阶级政治经济学理论分析的起点。"每个人生来首先和主要关心自己；而且，因为他比任何其他人都更适合关心自己"。① 休谟从商人身上看到了"勤俭""劳碌"，"这种精神带给每个社会成员，自然而然地流传开来，使人人不当无用废物与草木同腐……使人人安居乐业，发挥一技之长来求利；这种技艺很快就使人精神有所寄托，转移奢侈逸乐的癖好"。② 马克斯·韦伯把这种利己性进一步引申为"资本主义精神"，"将财货的取得从传统主义的伦理屏障中解放出来，解开利得追求的枷锁，不止使之合法化，而且（在上述意味下）直接视为神的旨意"。③ 从基督教禁欲主义中产生出来的资本主义精神，与获利活动相结合，使资本得到积累，生产出更多财富，推动了整个资本主义经济的发展。第二，市场经济扩大市场的规模。劳动分工是商品交换的前提，商品交换使劳动分工在广度

---

① 〔美〕亚当·斯密：《道德情操论》，蒋自强等译，商务印书馆，1997，第 101~102 页。
② 〔苏格兰〕休谟：《休谟经济论文选》，陈玮译，商务印书馆，1984，第 46 页。
③ 〔德〕马克斯·韦伯：《新教伦理与资本主义精神》，康乐、简美惠译，广西师范大学出版社，2010，第 169 页。

和深度上极大发展，分工在地域范围的扩大会扩大市场规模。资本主义社会大规模的商品生产，逐渐取代封建时代小生产或手工作坊式的生产，打破以往社会尤其是封建社会的地区封闭状态，促进市场向更大范围的扩大和劳动生产力的提高。第三，以等价交换为原则的市场经济活动最有利于实现企业生产的组织化，达到个人经济利益和社会利益的兼顾。市场经济通过其自身的机制就可以自发地分配社会资源，提高效率。由此，资产阶级古典经济学认为市场经济原则是唯一和谐、公正、合理的原则，在市场经济法则支配下的交换活动，是所有经济主体平等的基础。

## 第三节　马克思主义视界中的制度自信

马克思和恩格斯以生产方式的变革为视角考察从古代社会直到现代资本主义社会的历史，用唯物主义历史观分析制度变迁与社会进步的基本范畴，认为资本主义愈发展其自身的矛盾愈尖锐，这种不可调和的矛盾需要社会主义革命来解决，"资产阶级的关系已经太狭窄了，再容纳不了它本身所造成的财富了"。[①] 马克思主义认为，社会生产力的发展使生产社会化发展到空前高度，公有制的实现必将到来，社会主义制度条件下将最终实现人的解放。无产阶级既是先进的生产力和生产关系的代表，也是受剥削受压迫最深重的阶级，这种经济政治地位就决定了其伟大的历史使命是消灭私有制，消灭剥削制度，而无产阶级的利益和广大劳动人民以及整个人类的根本利益的完全一致，使得社会主义制度与资本主义制度相比具有坚实的阶级基础和群众基础。

---

① 《马克思恩格斯文集》第 2 卷，人民出版社，2009，第 37 页。

## 一 社会化大生产和消灭私有制：社会主义制度自信的社会基础

### （一）社会化大生产：社会主义制度自信的物质前提

"社会化大生产"是马克思恩格斯分析资本主义社会基本矛盾的一个重要范畴。生产的高度社会化是实现社会形态向更高形态转化的物质基础。建立在高度发达的社会生产力基础上的社会主义制度，为社会化大生产扫清了障碍，为社会化大生产的进一步提升做好了制度准备。

只有建立在机器大工业基础上的、由专业化分工和协作联系起来的社会生产过程，才开始了真正的社会化生产。通过对英国产业革命的分析，马克思和恩格斯在《共产党宣言》中对商品经济和社会化大生产之间这种必然的逻辑关系予以了深刻揭示，"市场总是在扩大，需求总是在增加。甚至工场手工业也不再能满足需要了。于是，蒸汽和机器引起了工业生产的革命。现代大工业代替了工场手工业"。[①] 马克思恩格斯在《资本论》中对分工与社会化大生产做了精辟的阐述："工场手工业分工通过手工业活动的分解、劳动工具的专门化、局部工人的形成以及局部工人在一个总机构中的分组和结合，造成了社会生产过程的质的划分和量的比例，从而创立了社会劳动的一定组织，这样就同时发展了新的、社会的劳动生产力。"[②] 社会分工和劳动分工的发展创造了自然经济中不可比拟的庞大的需求量，这种市场化、社会化的需求，只有社会化的大生产才能满足。反过来，社会化大生产又促进分工不断细化，社会化大生

---

[①] 《马克思恩格斯文集》第 2 卷，人民出版社，2009，第 32 页。
[②] 《马克思恩格斯全集》第 23 卷，人民出版社，1972，第 403 页。

产是生产力发展的方向。列宁提出资本集中会导致社会化大生产在广度上和深度上不断发展,"资本主义生产使劳动社会化,这并不是说人们在一个场所内工作(这只是过程的一小部分),而是说随资本集中而来的是社会劳动专业化,每个工业部门的资本家人数减少,工业部门的数目增多;就是说,许多分散的生产过程融合成一个社会生产过程"。[①] 当资本主义由自由竞争进入帝国主义阶段,垄断迫使资本主义生产成为走向世界的社会化生产。与此相适应的社会化的组织管理机构也日益发展和完善起来。在国家垄断高度发展的条件下,资本关系的高度社会化已成为社会形态转变的过渡点。这表明,垄断资本主义的发展,在生产、管理和资本社会化等方面都为社会共同占有生产资料并在全社会范围内组织生产进行分配准备着客观的物质条件,为无产阶级在夺取政权后实行生产资料的社会主义公有化奠定了基础。

马克思先考察了单个资本运动,认为社会总资本的运动是互相交错、互为前提的个别资本运动的总和,进而分析社会化大生产中生产、交换、分配、消费关系的日趋复杂,"他们用公共的生产资料进行劳动,并且自觉地把他们许多个人劳动力当做一个社会劳动力来使用。在那里,鲁滨逊的劳动的一切规定又重演了,不过不是在个人身上,而是在社会范围内重演。鲁滨逊的一切产品只是他个人的产品,因而直接是他的使用物品。这个联合体的总产品是一个社会产品。这个产品的一部分重新用做生产资料。这一部分依旧是社会的。而另一部分则作为生活资料由联合体成员消费。因此,这一部分要在他们之间进行分配。这种分配的方式会随着社会生产有机体本身的特殊方式和随着生产者的相应的历史发展程度

---

[①] 《列宁选集》第1卷,人民出版社,1972,第41页。

而改变",① 并提出了社会生产两大部类的平衡关系和社会再生产的实现条件。保持社会生产两大部类按比例的平衡协调发展,是任何社会化大生产顺利进行的共同要求,但不同的社会制度,实现这一要求的具体形式是有根本区别的。建立在生产资料公有制基础上的社会主义经济,不仅有必要而且需要通过国家宏观调控来保持社会生产两大部类之间的协调发展,以促进社会主义建设事业的顺利进行。

### (二) 消灭私有制:社会主义制度自信的前提

马克思恩格斯并不是仅仅出于对无产者的同情和对现实社会的简单批判,而是在科学分析资本主义社会生产资料的私人所有与社会化大生产之间不可调和矛盾的基础上得出社会主义代替资本主义的必然趋势,他们运用唯物史观的观点,科学地分析了资本主义产生、发展的过程,指出"资产阶级在它的不到一百年的阶级统治中所创造的生产力,比过去一切世代创造的全部生产力还要多,还要大"。② 马克思恩格斯揭示了在资本主义制度下,真正的自由、平等、民主始终要受到资本主义私有制和剥削制度的限制。"人权本身就是特权,而私有制就是垄断。"③ "平等地剥削劳动力,是资本的首要的人权。"④ "不消灭一切奴役制,任何一种奴役制都不可能消灭。"⑤ 在资本主义条件下,生产关系不能为生产力的发展提供与之适应的所有制结构安排。恩格斯指出,"由于大工业的发展,第一,产生了空前大规模的资本和生产力,并且具备了能在短时期内

---

① 《马克思恩格斯文集》第5卷,人民出版社,2009,第96页。
② 《马克思恩格斯文集》第2卷,人民出版社,2009,第36页。
③ 《马克思恩格斯全集》第3卷,人民出版社,1960,第229页。
④ 《马克思恩格斯文集》第5卷,人民出版社,2009,第338页。
⑤ 《马克思恩格斯全集》第1卷,人民出版社,1956,第467页。

无限提高这些生产力的手段;第二,生产力集中在少数资产者手里,而广大人民群众越来越变成无产者,资产者的财富越增加,无产者的境遇就越悲惨和难以忍受;第三,这种强大的、容易增长的生产力,已经发展到私有制和资产者远远不能驾驭的程度,以致经常引起社会制度极其剧烈的震荡"。① 当资本主义社会生产资料私有制容纳不了社会化大生产及社会财富时,公有制的社会制度代替资本主义私有制也就成为历史的必然。马克思在《1844 年经济学－哲学手稿》中提出了无产阶级的历史使命与任务:从私有财产压迫中的解放。从异化劳动对私有财产的关系可以进一步得出这样的结论:"社会从私有财产等等解放出来、从奴役制解放出来,是通过工人解放这种政治形式来表现的,这并不是因为这里涉及的仅仅是工人的解放,而是因为工人的解放还包含普遍的人的解放;其所以如此,是因为整个的人类奴役制就包含在工人对生产的关系中,而一切奴役关系只不过是这种关系的变形和后果罢了。"② 资本主义生产把人从自己的视野中排除了,人的需要和人的一切"本质力量"的发展,在私有制条件下已经不再是社会生产的目的了:"私有财产的生活—劳动和资本化"。马克思不仅分析了社会劳动在人的历史发展过程中的意义,认为劳动是人的整个生命活动的基本形式,而且更进一步地揭示了私有制与异化劳动的有机联系,指出资本主义生产条件就其本性来说是与创造性的劳动相敌对的。怎样克服异化?马克思认为要消灭现存的对抗性的分工形式及其最本质的表现——脑力劳动和体力劳动的对立,消灭社会财富的对抗形式。这种财富的基础就是僵化的、异化的劳动。这种劳动是只从它

---

① 《马克思恩格斯文集》第 1 卷,人民出版社,2009,第 684 页。
② 《马克思恩格斯文集》第 1 卷,人民出版社,2009,第 167 页。

的抽象的量的方面来加以衡量的、物化在产品即商品中的劳动时间的凝聚物，是奴役人的活劳动。要使人本身，它的生产能力、他的能动的本质力量、他同周围世界的整个关系的发展程度，成为衡量社会财富的基本尺度。在马克思恩格斯看来，共产主义是对私有制的扬弃。同时，恩格斯指出废除私有制只能随着生产力的发展而逐步实现，"正像不能一下子就把现有的生产力扩大到为实行财产公有所必要的程度一样。因此，很可能就要来临的无产阶级革命，只能逐步改造现今社会，只有创造了所必需的大量生产资料之后，才能废除私有制"。① 生产力大规模地发展使生产社会化程度空前提高，私有制终究不能满足这种现实要求而公有制不可逆转地到来。

## 二 人民主体性：社会主义制度自信的阶级力量

在社会形态的演进过程中不断产生与之对应的阶级基础，自阶级社会以来，社会制度在阶级的对立与统一中实现合乎历史发展规律的更替。无产阶级及其领导下的人民大众是资本主义制度的掘墓人。马克思恩格斯之前的各个历史时代，社会都划分了各个不同的阶级，压迫者和被压迫者始终处于对立地位进行着或隐蔽或公开的斗阵。在资本主义社会中，生产资料属于资本家所有，工人就无法摆脱被雇佣、剥削的境地。要改变阶级命运，工人阶级必须在无产阶级政党的领导下组织起来进行彻底的革命和顽强的斗争才能改变自己的境遇，"无产阶级在反对有产阶级联合力量的斗争中，只有把自身组织成为与有产阶级建立的一切旧政党不同的、相对立的政党，才能作为一个阶级来行动"。② 到了 19 世纪三四十年代，无产

---

① 《马克思恩格斯文集》第 1 卷，人民出版社，2009，第 685 页。
② 《马克思恩格斯文集》第 3 卷，人民出版社，2009，第 228 页。

阶级对资产阶级的反抗斗争已经具有了组织性、规模性和影响力的特征。这一时期，发生在法国、英国和德国的影响比较大的三次工人运动虽然最终都失败了，但是表明无产阶级有了鲜明的阶级意识且由自在阶级向自为阶级转变，并最终以独立的姿态登上了历史舞台，把斗争矛头直指资产阶级和资本主义制度，拉开了世界无产阶级革命的序幕，"它的任务不再是构想出一个尽可能完善的社会制度，而是研究必然产生这两个阶级及其互相斗争的那种历史的经济过程；并在由此造成的经济状况中找出解决冲突的手段"。①

无产阶级与劳动人民的联合构成了社会主义制度的阶级基础。马克思曾这样描述无产阶级和资产阶级的对立："劳动阶级在发展进程中将创造一个消除阶级和阶级对抗的联合体来代替旧的市民社会；从此再不会有原来意义的政权了。因为政权正是市民社会内部阶级对抗的正式表现。"② 对于无产阶级政党而言，仅仅依靠自己尚不能完成革命和建设的伟大而艰巨的历史使命，必须把阶级的力量联合起来，努力同其他可以参加革命的阶级、政党和社会力量结成联盟。工人阶级和其他劳动人民结成阶级联盟，成为生产资料的共同所有者，彻底改变所有制关系，整个社会才能称为社会主义。无产阶级在同资产阶级的斗争中，可以利用资本主义制度下人类所创造的一切优秀成果为自己的政治、经济利益服务，为自己的革命创造条件。1874年恩格斯在长期考察和研究英、法、德等国的政治、经济、社会和历史条件的基础上，较为明确地表述了无产阶级在一定历史条件下应与可以团结的力量结成联盟的思想。"首先无产阶级革命将建立民主的国家制度，从而直接或间接地建立无产阶级的

---

① 《马克思恩格斯文集》第9卷，人民出版社，2009，第388页。
② 《马克思恩格斯文集》第1卷，人民出版社，2009，第655页。

政治统治。在英国可以直接建立,因为那里的无产者现在已占人民的大多数。在法国和德国可以间接建立,因为这两个国家的大多数人民不仅是无产者,而且还有小农和小资产者,小农和小资产者正处在转变为无产阶级的过渡阶段,他们的一切政治利益的实现都越来越依赖无产阶级,因而他们很快就会同意无产阶级的要求。"[1] 恩格斯所说的政治统治,一方面是指取得政权后工人阶级成为领导阶级,获得了管理国家政治事务和社会事务的权力;另一方面无产阶级与农民阶级、城市小资产阶级等进步力量结成联盟关系,为建立新制度增强阶级基础。社会主义制度的建立和发展都与无产阶级及其阶级联盟密不可分,人民在社会主义发展中的主体性也越来越突出。而在社会主义建设的新时期,一切大力支持、积极拥护和全力投入社会主义建设事业的阶级、阶层和社会集团,都是社会主义制度自信的阶级力量。社会主义制度只有着力解决好人民群众最关心最直接最现实的利益问题,人民不断获得实实在在的利益,才愿意为制度更好地发展贡献自己的智慧和才干。社会主义制度帮助人们实现个人价值与社会价值,人们与社会主义制度共成长、同发展。制度只有得到了本阶级领导下的最广泛人民群众的拥护和支持,才会拥有开拓创新、长足发展的根本依靠和力量源泉,人们的自信意识、自信观念终会汇成自信的力量。

## 三 人类解放的趋势:社会主义制度自信的历史必然

实现全人类的解放是社会主义制度的最终价值。"政治解放当然是一大进步;尽管它不是普遍的人的解放的最后形式,但在迄今为止的世界制度内,它是人的解放的最后形式。不言而喻,我们这

---

[1] 《马克思恩格斯文集》第 1 卷,人民出版社,2009,第 685 页。

里指的是现实的、实际的解放。"①从政治解放到劳动解放再到人的解放是社会主义制度发展史的主线。马克思恩格斯客观评价了资产阶级革命实现政治解放的制度意义：推翻封建专制制度、建立现代民主国家。作为当时先进生产力代表的资产阶级，挣脱了神秘宗教的枷锁，顺应历史潮流，找到了市民社会这一社会发展的力量源泉，通过革命斗争在社会生活的一切领域实现全面的制度变革，同时，他们也尖锐地指出了政治解放的局限性。恩格斯认为，以私人利益为原则的市民社会是资本主义现代政治国家的实质，只能实现人的政治解放，远不能实现人类的解放。利己主义原则使其成为"个人利益的战场，是一切人反对一切人的战场，同样，市民社会也是私人利益跟特殊公共事务冲突的舞台"。②政治革命使得市民社会享有"自由、平等"等公民权。但是，利己主义形成了"公民"与"市民"之间的对立最终将会造成市民社会中人的自我异化。《1844年经济学哲学手稿》开启了人类解放主题的全面论证，从有产与无产的对立、资本与劳动的对立到扬弃私有财产来摆脱人的自然异化，提出了生产劳动实践在人类解放中的重要地位。在《神圣家族》中，马克思提出无产阶级的解放与人的解放相一致的观点，解放是一种物质生产实践活动，无产阶级革命对人类解放有重要作用，通过革命消灭违反人性的束缚以实现解放。在《德意志意识形态》中，马克思从唯物主义历史观考察人类制度的变革。人的解放不仅是社会主义制度的价值诉求，也不能只是停留在思想层面，在科学分析社会内在矛盾特别是人类历史发展基本规律的基础上，只有使用现实手段才能由价值诉求、思想运动变为现实社会运动。

---

① 《马克思恩格斯文集》第1卷，人民出版社，2009，第32页。
② 《马克思恩格斯全集》第1卷，人民出版社，1956，第295页。

《共产党宣言》是无产阶级公开宣布实现人类解放的政治纲领，无产阶级建立政权后通过大力发展生产力、逐步地进行巨大的社会改造将为实现解放积累手段。在《1848年至1850年的法兰西阶级斗争》中，马克思用阶级分析法说明了无产阶级在革命中打破国家机器以实现解放的现实途径。

马克思提出人类解放历史任务的主体性转换，即人类解放的任务只能由无产阶级政党领导的人民来完成。"只有当现实的个人同时也是抽象的公民，并且作为个人，在自己的经验生活、自己的个人劳动、自己的个人关系中间，成为类存在物的时候，只有当人认识到自己的'原有力量'并把这种力量组织成为社会力量因而不再把社会力量当做政治力量跟自己分开的时候，只有到了那个时候，人类解放才能完成"。① 马克思通过对巴黎公社的考察分析，指出其制度变革包含无产阶级专政思想的萌芽，呈现从政治解放到人类解放之间过渡阶段的混合性和特殊性。"在经济、道德和精神方面都还带着它脱胎出来的那个旧社会的痕迹。"②

马克思认为，未来人类解放的必要条件，是在劳动异化克服的基础上实现劳动解放。对生产方式进行变革，强调在新的生产组织中，劳动者在劳动过程中所发挥的新的作用，即"生产劳动就不再是奴役人的手段，而成了解放人的手段"。③ 人类解放意味着共产主义条件下人的自由联合的劳动代替私有制下的雇佣劳动，进行自觉自愿的、无报酬的劳动是真正的解放。恩格斯在《共产主义原理》中勾勒全新的社会制度面貌：社会全体成员共同拥有生产资料，国家有计划地生产能够满足全体成员的需要，国家逐步剥夺土地所有

---

① 《马克思恩格斯全集》第1卷，人民出版社，1956，第443页。
② 《列宁全集》第31卷，人民出版社，2017，第162页。
③ 《马克思恩格斯选集》第3卷，人民出版社，2012，第681页。

者、工厂主的财产以彻底消灭阶级和阶级对立，国家消除了资本主导的分工体系实现共同享受福利和城乡的融合，国家承担少年儿童的教育，使社会全体成员的才能得到全面的发展等，这些设想是为建立进步的制度以达到人类解放的具体途径。"我们的目的是要建立社会主义制度，这种制度将给所有的人提供健康而有益的工作，给所有的人提供充裕的物质生活和闲暇时间，给所有的人提供真正的充分的自由。"[1] 列宁科学分析了当时俄国所面临的社会历史条件，总结苏联社会主义建设的最初实践，尤其是新经济政策思想对于社会主义制度的实现形式做出了有益探索。在实践中逐步形成的苏联社会主义模式，其特征可以概括为：共产党高度集权直接管理国家事务；生产资料的公有制分为全民所有制和集体所有制，不允许私营经济存在；国家计划调节社会生产，社会主义的商品生产和交换只限于全民所有制和集体所有制。总之，马克思主义经典作家都是根据当时的时代特征和历史条件去认识和阐述社会主义的内涵的，社会主义是在继承资本主义文明成果的基础上产生的、克服了资本主义社会的基本矛盾、革除了资本主义固有弊端的新型社会形态，在实现人的解放方面具有制度优势。

## 第四节　中国特色社会主义制度自信的维度

新中国成立之初，在经济文化落后的环境下如何巩固社会主义制度是中国共产党面临的明确任务。为了更好地调动一切积极因素为社会主义服务、增强人们对社会主义的信心，毛泽东总结了新民主主义革命和社会主义改造对中国的深刻影响，把对社会

---

[1]《马克思恩格斯全集》第28卷，人民出版社，2018，第652页。

主义制度的自信总结为：社会主义制度的建立与中国国情相符合、实践中表现出的社会主义制度优势和特色、社会主义制度所追求的价值目标。改革开放前我国的社会主义初步探索为改革开放后的社会主义建设积累了条件，改革开放后的社会主义建设是对前一个时期的继承、改革和发展。邓小平在改革之初对社会主义制度自信进行了辩证的思考。他认为社会主义制度自信不能割断社会主义和共产主义之间的关系，没有共产主义的理想信念社会主义制度自信就会成为无水之源，对现行制度中存在的弊端要从制度自觉的高度来认识改革的必要性。邓小平认为，社会主义制度自信最终依赖于由制度革新走向制度成熟，"恐怕再有三十年的时间，我们才会在各方面形成一整套更加成熟、更加定型的制度。在这个制度下的方针、政策，也将更加定型化"。[①] 毛泽东、邓小平关于社会主义制度自信的论述，对于建设和发展中国特色社会主义，在实践中不断完善中国特色社会主义制度，对于坚定中国特色社会主义制度自信具有重要启示。本节试图从思想维度、实践维度、价值维度对中国特色社会主义制度自信的基础做分析和研究。

## 一 科学理论指导：中国特色社会主义制度自信的思想维度

社会制度是一定思想理论的实现形态，总是占统治地位的统治阶级的思想在社会形态上的表现。制度自信首先来自理论自信。没有对理论的自信，制度自信就将失去根基。中国特色社会主义制度的自信，首先在于其指导思想的科学性，在于科学社会主义基本原

---

[①] 《邓小平文选》第3卷，人民出版社，1993，第372页。

则的科学性和中国化马克思主义的科学性。科学社会主义学说是中国特色社会主义制度自信之"源"。科学社会主义在批判资本主义制度的弊病中合理借鉴空想社会主义的积极成果，系统总结工人运动实践经验，作为未来理想社会形态的指导思想，既包含人类社会发展的终极理想，又有在实践中积淀的现实机制，是理想合目的性与实践合规律性的统一，为中国特色社会主义制度自信提供了三个重要支点。

一是社会主义制度自信的根本在于解放和发展生产力。人类社会发展史是一部追求更高劳动生产率脱离蒙昧状态、实现生产力的巨大增长提高人类改造、利用自然能力的奋斗史。高级形态社会制度战胜低级形态社会制度归根到底是要创造出高于先前社会的生产力、极大地提升劳动生产率，以此来证明这一制度的优越性和先进性。"资本主义可以被最终战胜，而且一定会被最终战胜，因为社会主义能创造新的高得多的劳动生产率"。[1] 中国特色社会主义制度的优劣也只能通过生产力实践表现出来，"马克思主义最注重发展生产力。我们讲社会主义是共产主义的初级阶段，共产主义的高级阶段要实行各尽所能、按需分配，这就要求社会生产力高度发展，社会物质财富极大丰富。所以社会主义阶段的最根本任务就是发展生产力，社会主义的优越性归根到底要体现在它的生产力比资本主义发展得更快一些、更高一些，并且在发展生产力的基础上不断改善人民的物质文化生活"。[2]

二是论证了无产阶级政党在社会主义制度建立与发展中的关键作用。科学社会主义是指导工人运动的批判武器。只有用马克

---

[1] 《列宁选集》第4卷，人民出版社，2012，第16页。
[2] 《邓小平文选》第3卷，人民出版社，1993，第63页。

思主义理论武装工人阶级，才能使工人阶级逐渐由自在的阶级向自为阶级转变，在同资产阶级的斗争中形成明确的政治目标和奋斗方向。能否建立成熟的社会主义制度与先进的无产阶级政党密不可分，无产阶级的社会地位与阶级特性决定了无产阶级能够完成改变旧制度、建立新制度的历史使命，"共产党人到处都支持一切反对现存的社会制度和政治制度的革命运动。在所有这些运动中，他们都强调所有制问题是运动的基本问题，不管这个问题的发展程度怎样。最后，共产党人到处努力争取全世界民主政党之间的团结和协调。共产党人认为隐瞒自己的观点和意图是可鄙的事情。他们公开宣布：他们的目的，只有用暴力推翻全部现存的社会制度才能达到。"[1] 但是社会主义替代资本主义的曲折性和复杂性决定了斗争的长期性，要经过一系列的生产关系的调整改造，"无产阶级将利用自己的政治统治，一步一步地夺取资产阶级的全部资本，把一切生产工具集中在国家即组织成为统治阶级的无产阶级手里，并且尽可能快地增加生产力的总量"[2]。这些科学思想奠定了坚持中国共产党的领导的思想基础，体现了中国特色社会主义制度的鲜明优势。

三是社会主义制度是消除尖锐对抗的"真正的共同体"，经济利益对抗的消除，政治上的一切对抗也随之消除，"代替那存在着阶级和阶级对立的资产阶级旧社会的，将是这样一个联合体，在那里，每个人的自由发展是一切人的自由发展的条件"[3]。在这个共同体中，"迫使个人奴隶般地服从分工的情形已经消失，从而脑力劳

---

[1] 《马克思恩格斯全集》第4卷，人民出版社，1958，第504页。
[2] 《马克思恩格斯选集》第1卷，人民出版社，1995，第293页。
[3] 《马克思恩格斯文集》第10卷，人民出版社，2009，第666页。

动和体力劳动的对立也随之消失之后",① 实现全体社会成员共同富裕,"还可能保证他们的体力和智力获得充分的自由的发展和运用"。② 存在于"真正的共同体"中的个人才会实现自由而全面的发展。社会主义与资本主义并存的格局和优势对比的改变,还需要经历长期的艰苦斗争。对此,既不能回避社会主义国家在某些方面暂时落后于发达资本主义国家的事实,还要用发展的眼光分析资本主义出现的新情况、新特点、新变化。要坚信随着生产力的发展和经验的积累,人们认识规律、掌握规律、按规律办事的能力不断增强,社会主义在前进中的曲折必将逐渐减少,社会主义的自信必将全面展现。

马克思主义不是教条,也没有穷尽真理,是随时代变迁、实践更新而科学发展的。这也是中国特色社会主义制度自信的来源。结合新实践不断进行理论创新是马克思主义的重要品质。中国革命和社会主义建设的成功经验,最根本的就在于马克思主义基本原理应用于具体实践,使马克思主义在中国不断获得发展和创新。改革开放以来逐渐形成的中国特色社会主义理论体系,是马克思主义中国化的重要理论。坚持马克思主义指导,是中国特色社会主义制度自信的思想基础。在当代中国,坚持马克思主义的指导地位,就必须坚持邓小平理论、"三个代表"重要思想和科学发展观战略思想的指导,这是中国特色社会主义制度自信的思想根基。中国特色社会主义制度显示出马克思主义理论的实践品格,不是简单地照搬照抄原理和文本,而是在我国改革新实践经验的基础上显示出马克思主义科学思维的伟力,使马克思主义进入了中国化马克思主

---

① 《马克思恩格斯文集》第 3 卷,人民出版社,2009,第 435 页。
② 《马克思恩格斯选集》第 3 卷,人民出版社,1995,第 633 页。

义的新阶段,例如"四个全面"战略布局和"五大发展"理念,开辟了中国共产党对治国理政认识的新境界,"四个全面"在理论和实践上都是围绕坚持和发展中国特色社会主义这一主题来展开的,在众多领域中都包含对新问题和新挑战的积极应答,因而推进并发展了中国特色社会主义。"五大发展"理念是在我国进入全面深化改革阶段,为实现发展方式转变、产业结构优化和最终实现全面建成小康社会的伟大目标而提出的最新发展理论,也是对"实现怎样的发展"以及"怎样实现更好发展"这一问题的历史性回答。这些新理念新成果体现了中国共产党对经济社会发展规律认识的不断深化,是现阶段及未来发展阶段的发展思路、发展方向与发展着力点。实践没有止境,在实践基础上的对真理的认识也永没有止境,理论创新也会永不停息,巩固马克思主义中国化的实践成果和理论成果,都需要与之相应的制度来保障。从解放思想、开启改革,到制度建设、积累巩固改革成果,再到继续深化改革、制度现代化的整体进程,中国特色社会主义制度自信在发展与完善中得到巩固与提升。可以说,中国特色社会主义制度建设的成功实践是进一步巩固马克思主义中国化理论成果与实践成果的强力杠杆和必然选择。

## 二 发展优势:中国特色社会主义制度自信的实践维度

"正确的理论必须结合具体情况并根据现存条件加以阐明和发挥。"[1] 十月革命以后,怎样将科学社会主义一般理论用于经济落后的俄国,不再是一个纯理论的问题,而是一个重要的实践问题。"对于俄国社会主义者来说,尤其需要独立地探讨马克思的理论,

---

[1] 《马克思恩格斯全集》第47卷,人民出版社,2004,第35页。

因为它所提供的只是一般的指导原理，而这些原理的应用具体地说，在英国不同于法国，在法国不同于德国，在德国又不同于俄国"。① 列宁将科学社会主义学说进一步发展，特别是回答了在一个落后国家如何建立和巩固社会主义制度的问题，开启了科学社会主义原则与不同国家实际相结合的历史。中国共产党提出最高纲领和最低纲领相统一，早在1938年党的六届六中全会提出了"马克思主义中国化"命题，以毛泽东同志为代表的中国共产党，历来反对教条主义和照搬外国模式，批评"缺乏调查研究客观实际状况的浓厚空气。'闭塞眼睛捉麻雀'，'瞎子摸鱼'，粗枝大叶，夸夸其谈，满足于一知半解，这种极坏的作风，这种完全违反马克思列宁主义基本精神的作风"。② 毛泽东深刻把握了近代中国社会的性质和特点，创造性地提出在经济文化比较落后的中国实现社会主义的方法和步骤，即经过资产阶级民主革命建立新民主主义社会，再通过社会主义革命而达到社会主义和共产主义。"社会主义制度终究要代替资本主义制度，这是一个不以人们自己的意志为转移的客观规律。不管反动派怎样企图阻止历史车轮的前进，革命或迟或早总会发生，并且将必然取得胜利。"③ 尽管第一代领导集体在探索实践中出现严重错误和挫折，但社会主义建设的独创性理论成果为初步建设积累了、总结了宝贵的经验教训。要实现共产主义，首先要立足发展阶段完成社会主义的建设任务。党的十一届三中全会以后，经过拨乱反正，我国重新恢复了正确的思想路线，继续在马克思主义理论指导下探索社会主义建设与发展的新路径。邓小平提出要解放思想实事求是，在坚持四项基本原则的前提条件下进行中国的改革

---

① 《列宁选集》第1卷，人民出版社，1972，第203页。
② 《毛泽东选集》第3卷，人民出版社，1991，第796~797页。
③ 《毛泽东文集》第7卷，人民出版社，1999，第315页。

开放。"我们进行社会主义现代化建设,是要在经济上赶上发达的资本主义国家,在政治上创造比资本主义国家的民主更高更切实的民主,并且造就比这些国家更多更优秀的人才。"① 中国多年的社会主义实践取得的成就证明社会主义制度在吸收人类文明成果基础之上不断实现制度创新,体现出制度生生不息的强大能力,"社会主义要赢得与资本主义相比较的优势,就必须大胆吸收和借鉴人类社会创造的一切文明成果,吸收和借鉴当今世界各国包括资本主义发达国家的一切反映现代社会化生产规律的先进经营方式、管理方法"。② 中国特色社会主义制度属于马克思所说的"社会主义制度",它是以科学社会主义基本原则为指导建立起来的制度,与我国历史上一切剥削制度和资本主义制度有着本质区别,主要表现为人民当家做主的社会主义民主政治制度、公有制和按劳分配为主体的社会主义经济制度;"中国特色",是指社会主义制度建立以来特别是改革开放以来,在党的领导下通过不断制度创新所逐步形成的符合中国国情、具有中国特色或"气派"的制度,是"社会主义制度"与"中国特色"的有机结合。社会主义由一国到多国的实践,体现了矛盾的普遍性与特殊性的统一、科学性与价值性的统一。

胡锦涛在庆祝中国共产党成立90周年大会的讲话中,对中国特色社会主义制度在保持党和国家活力、调动广大人民群众和社会各方面的积极性、主动性、创造性的优势,中国特色社会主义制度在解放和发展社会生产力、推动经济社会全面发展的优势,中国特色社会主义在维护和促进社会公平正义、实现全体人民共同富裕的优势,中国特色社会主义制度在集中力量办大事、有效应对前进道

---

① 《邓小平文选》第 2 卷,人民出版社,1994,第 322 页。
② 《邓小平文选》第 3 卷,人民出版社,1993,第 373 页。

路上的各种风险挑战的优势,中国特色社会主义制度在维护民族团结、社会稳定、国家统一的优势进行了概括。党的十八大以来,着眼于国家治理体系和治理能力现代化,习近平进一步提出了制度优势的八条标准,也为制度自信提出了新要求:只有畅通利益表达渠道、扩大民主参与才能形成国家决策的科学化、民主化;只有继续改革国家领导和管理体系,才能使权力运用得到有效制约和监督。中国制度既能维护国家大局,又能使社会充满活力,制度自信形成了支撑国家发展的持续的动力和制度吸引力。"事实上,离开了中国共产党的领导,谁来组织社会主义的经济、政治、军事和文化?谁来组织中国的四个现代化?在今天的中国,决不应该离开党的领导而歌颂群众的自发性。"[1] 改革开放之初,邓小平就提出推进四个现代化和建立社会主义市场经济体制必须坚持党的领导。中国共产党是国家建设与发展的核心力量,是在承担领导革命和建设新社会、新国家的历史中形成的政党,从建党之日起就承载着重要的使命,怎样将全体民众凝聚为一个有机的集合体,维系国家的内在统一并保持国家整体转型与发展。新中国成立之前,毛泽东就在考虑如何在党的领导下实现人民当家做主,在与民主人士黄炎培对谈中就明确提出,摆脱历史周期律的支配方法是民主。然而后来在实践中采用"大鸣大放"式的民主来发展人民监督,结果酿成"文化大革命"的动乱。党的十一届三中全会后,邓小平以巨大的政治勇气和理论勇气领导拨乱反正,在反思我国民主政治建设的经验教训时指出,社会主义的重要特征之一就是坚持党的领导和人民当家做主的统一。他强调,由于一定时期内,我们以前对民主的认识不够,人民参与国家事务管理的制度也不完善,人民群众建设社会主

---

[1] 《邓小平文选》第2卷,人民出版社,1994,第170页。

义的主动性和创造性远远没有发挥出来,今后发扬民主要努力造成生动活泼的政治局面,是中国共产党坚定不移的目标。党的十五大报告指出:"在中国共产党领导下,在人民当家作主的基础上,依法治国,发展社会主义民主政治。"① 中国制度能够集中力量办大事,调动起广大人民群众和社会组织的积极性和创造性,凝结全社会智慧和意志,能够实现集体利益与个人利益、当前利益和长远利益的有机平衡,关键在于党的领导、在于中国式的民主制度。

中国的社会主义制度在吸收借鉴现代人类文明成果的基础上发展起来。中国特色社会主义制度必须体现出社会主义所坚持的原则,而这种原则与流行世界的西方制度建设有本质差异。其一,坚持党的领导,不搞西方的多党制;其二,坚持人民代表大会制度,不搞西方的三权分立;其三,坚持以公有制为主体的基本经济制度,不搞私有制。显然,在全球化的时代,中国要在全球治理中发挥作用,制度就必须把合理性与有效性充分体现出来。在改革开放实践中,中国通过经济体制改革和政治体制改革来完善和发展制度,并努力将这种改革、发展、稳定有机结合起来,以不断提升制度的有效性来增强人民对制度的自信。当然,自信并不表示否认在中国的发展过程中还有许多问题有待认真加以解决,任何国家在发展过程中都会存在各种问题和不足,这是一种很正常的现象,但是不能因为存在各种各样的问题而从根本上否定我们的发展和我们的制度,这涉及对一国发展基本判断的问题。不应该只看到成就看不到问题而盲目地乐观,同样我们也不能因为别人夸大我们发展中的问题,否定我们的成就,就自己丧失信心。坚定中国特色社会主义制度自信必须立足于实践才具有坚实的基础。

---

① 《江泽民文选》第2卷,人民出版社,2006,第17页。

## 三 人本价值：中国特色社会主义制度自信的价值维度

马克思认为资产阶级思想家对人性和人的价值的高度肯定是其利益和要求在意识形态领域的反映，具有超阶级、超时代的假象，有很大的历史局限性。"共产主义革命就是同传统的所有制关系实行最彻底的决裂；毫不奇怪，它在自己的发展进程中要同传统的观念实行最彻底的决裂"。①"同传统观念决裂"思想中所指的"传统观念"，是指以往阶级社会中反映阶级剥削、阶级压迫和阶级对立的社会意识形态和思想观念。"周围的感性世界决不是某种开天辟地以来就直接存在的、始终如一的东西，而是工业和社会状况的产物，是历史的产物，是世世代代活动的结果，其中每一代都立足于前一代所奠定的基础上，继续发展前一代的工业和交往，并随着需要的改变而改变他们的社会制度"。②马克思反对抽象谈论人，认为现实的个人处在自然和历史的交汇点上，是自然进化的终结和历史创造的开端，因而也就成为一切历史过程和社会关系的前提。马克思主义坚持以无产阶级集体主义原则为核心，它要求一切从无产阶级和广大劳动人民的根本利益出发，在实现集体利益时充分实现个人利益，在实现整体利益中兼顾局部利益，在实现长远利益中协调短期利益。个人利益要根植于集体利益之中，个人利益与集体利益出现矛盾时，必须无条件地牺牲个人利益甚至献出自己的生命。简而言之，无产阶级集体主义实质上就是坚持整个人类社会的利益高于本阶级的利益，本阶级的利益高于个人利益的原则。"党的利益高于一切，这是我们党员的思想和行动的最高原则。根据这个原

---

① 《马克思恩格斯文集》第 2 卷，人民出版社，2009，第 52 页。
② 《马克思恩格斯文集》第 2 卷，人民出版社，2009，第 528 页。

则，在每个党员的思想和行动中，都要使自己的个人利益和党的利益完全一致。在个人利益和党的利益不一致的时候，能够毫不踌躇、毫不勉强地服从党的利益，牺牲个人利益。为了党的、无产阶级的、民族解放和人类解放的事业，能够毫不犹豫地牺牲个人利益，甚至牺牲自己的生命，这就是我们常说的'党性'或'党的观念'、'组织观念'的一种表现。这就是共产主义道德的最高表现，就是无产阶级政党原则性的最高表现，就是无产阶级意识纯洁的最高表现。"① 这些理论科学地阐明了中国特色社会主义制度的价值遵循。

为人民服务是中国共产党的宗旨。这一宗旨首先由毛泽东同志在张思德追悼会上提出，在《论联合政府》中，他再一次地强调："紧紧地和中国人民站在一起，全心全意地为中国人民服务，就是这个军队的唯一的宗旨"。② 改革开放以来，党的历届领导集体坚持和发展了马克思主义关于人民利益至上的价值追求和毛泽东全心全意为人民服务的理念，不断完善中国特色社会主义制度，使之得到了广大人民群众的价值认同。1992年邓小平同志在南方谈话中，提出"是否有利于发展社会主义社会的生产力，是否有利于增强社会主义国家的综合国力，是否有利于提高人民的生活水平"，③ 将生产力标准、综合国力标准和人民群众标准结合起来，明确地指出社会主义改革发展的成果是人民群众的历史创造，社会主义发展社会生产力的最终目的，在于提高广大人民群众的生活水平，满足人民群众的利益需求，维护广大人民的利益。同时，把共同富裕作为社会主义本质的核心内容，以实现社会的公平正义。邓小平还指出：

---

① 《刘少奇选集》（上），人民出版社，1981，第130~131页。
② 《毛泽东选集》第3卷，人民出版社，1991，第1039页。
③ 《十三大以来重要文献选编》（下），人民出版社，1993，第1991页。

"没有贫穷的社会主义。社会主义的特点不是穷,而是富,但这种富是人民共同富裕"。① 后来,他也多次谈到共同富裕,在 1993 年与其弟弟邓垦的谈话中也指出:"解决共同富裕的问题比解决发展起来的问题还要难",② 只有实现共同富裕,才能彰显社会主义制度的优越性。"三个代表"重要思想高度凸显了民本思想,"始终保持同人民群众的血肉联系,是我们党战胜各种困难和风险、不断取得事业成功的根本保证"。并进一步强调:"必须始终把体现人民群众的意志和利益作为我们一切工作的出发点和归宿,始终把依靠人民群众的智慧和力量作为我们推进事业的根本工作路线。"③ 坚持以人民群众为执政之本、立党之基,就是始终坚持人民群众是历史的创造者这一唯物史观的基本观点,始终坚持把人民群众作为巩固和加强我党领导地位的力量之源。党的十八大报告指出:"必须更加自觉地把以人为本作为深入贯彻落实科学发展观的核心立场,始终把实现好、维护好、发展好最广大人民根本利益作为党和国家一切工作的出发点和落脚点,尊重人民首创精神,保障人民各项权益,不断在实现发展成果由人民共享、促进人的全面发展上取得新成效。"④ 科学发展观充分体现了以人为本的内在要求,坚持人民利益至上的价值取向,实现以人的发展为最终目标,追求人的全面发展和可持续发展。新一届党中央领导集体执政以来,习近平总书记就强调:"人民对美好生活的向往,就是我们的奋斗目标。"并指出:"我们的责任,就是要团结带领全党全国各族人民,继续解放思想,坚持改革开放,不断解放和发展社会生产力,努力解决群众的生产

---

① 《邓小平文选》第 3 卷,人民出版社,1993,第 265 页。
② 《邓小平年谱(1975~1997)》(下),中央文献出版社,2004,第 1364 页。
③ 《十五大以来重要文献选编》(下),人民出版社,2003,第 1901 页。
④ 《十八大以来重要文献选编》(上),中央文献出版社,2014,第 7 页。

生活困难,坚定不移走共同富裕的道路。"① 几年来,以习近平同志为核心的党中央,突出"人民"和"责任"两个关键词,针对广大人民群众关心的问题,出台了八项规定等措施,加强反腐力度,充分体现了党和人民的血肉关系。正是由于我们党几代领导集体都坚持把人民放在首要的位置,坚持全心全意为人民服务的宗旨,中国特色社会主义制度才能够得到广大人民群众的价值认同。

### 四 自我革新:中国特色社会主义制度自信的机理

在社会主义条件下,上层建筑与经济基础之间、生产关系与生产力之间是基本适应的,但是依然存在不相适应的环节。由于公有制的根基和实现人民根本利益的价值立场,中国特色社会主义制度在大力发展生产力、科学发展过程中既巩固根本制度又不断革新不相适应的环节。在持续巩固与自我革新中实现中国特色社会主义制度自信。马克思主义经典作家在分析社会主义社会基本特征时,是以当时欧美发达国家的生产力发展水平为其现实依据或客观基础的,科学社会主义基本原则要"置于现实的基础上",② 中国特色社会主义制度自信,还在于这种制度在实践基础上的不断完善、自我革新,中国特色社会主义制度具有内在调整经济基础与上层建筑、生产力与生产关系相适应的机理。

中国特色社会主义制度有着强大的自我革新能力,制度的自我革新是在不改变我国根本制度的基础上实现全面的超越。改革开放以来,中国经济社会的发展要求制度相继完成三个重要任务:解放和发展生产力、实现可持续的科学发展、推进国家治理体系与治理

---

① 《习近平关于全面建成小康社会论述摘编》,中央文献出版社,2016,第129页。
② 《马克思恩格斯选集》第3卷,人民出版社,2012,第394页。

能力的现代化。在中国特色社会主义制度条件下，生产关系与生产力、上层建筑与经济基础这一基本矛盾尽管在总体上是适应的，但具体体制机制还存在与发生变化的环境条件不相适应的环节和方面，必须通过制度的自我革新去实现解放和发展生产力的辩证统一，20世纪80年代的农村改革试验和探索极大地解放了农村生产力，90年代初明确了社会主义经济体制改革的方向，以发展社会主义生产力为目的，引导、鼓励、支持、允许各种非公有制经济存在和发展，制度"尽可能快地增加生产力的总量"。[①] 要解决发展中存在的不协调、不平衡、不可持续问题，制度的革新由经济领域逐渐转向社会、政治领域，党政制度、社会主义法律体系、社会保障制度、社会管理体制、收入分配制度等在国家社会生活中发挥着越来越重要的作用。党的十八大以来，中央从中国特色社会主义制度的历史使命的角度提出制度全面革新的目标，加快改革财税体制，建立公共资源出让收益合理共享机制，破除一切妨碍科学发展的思想观念和体制机制弊端，"为党和国家事业发展、为人民幸福安康、为社会和谐稳定、为国家长治久安提供一整套更完备、更稳定、更管用的制度体系"。[②] 在不断满足中国发展的新要求中制度建设大有可为，在全球化背景下中国不但要从自身发展的要求出发进行体制变革，而且要为更好、更全面、更深入地融入全球参与不断进行制度的"弯道超越"。我们要有坚定的制度自信，坚定的制度自信与制度自我革新能力之间是相辅相成、相互促进的。

---

[①] 《马克思恩格斯文集》第2卷，人民出版社，2009，第52页。
[②] 《习近平谈治国理政》，外文出版社，2014，第105页。

# 第二章　中国特色社会主义制度自信的基础

习近平总书记在庆祝中国共产党成立 95 周年大会上的讲话中指出："中国特色社会主义制度是当代中国发展进步的根本制度保障，是具有鲜明中国特色、明显制度优势、强大自我完善能力的先进制度。"[①] 只有顺应世界历史发展趋势，依循本国的基本国情，融和本国的优秀传统文化，符合本国人民利益需求变化的制度才会显示强大的生命力。中国特色社会主义制度能够自信，不仅是有科学正确的理论指导，还是在现代化实践过程中国家治理体系和治理能力的必然产物，深受中国传统文化中哲学观、价值观、伦理观的影响。

## 第一节　中国特色社会主义制度自信的理论逻辑：制度与现代化

党的十一届三中全会之后，中国共产党人在现代化建设过程中，与时俱进，不断进行理论创新，在开辟新型现代化道路的过程中形成了中国特色社会主义理论体系。在中国，实现现代化不仅是经济建设的任务，也是制度建设的任务。而在制度建设方面，主要

---

[①] 《习近平谈治国理政》第 2 卷，外文出版社，2017，第 36 页。

围绕三个方面展开：一是增强其解放、容纳、激活、推进生产力的功能及资源动员能力；二是打破过去依赖政治动员驱动经济建设及社会发展的格局，健全社会主义民主政治制度；三是推进国家治理体系与治理能力的现代化。制度自信体现在理论的科学指导与现代化实践的逻辑之中：在与经济现代化长期互动中实现的相互促进与发展，表明中国特色社会主义制度具有承载经济现代化的能力，其本质要求，是把追求人的自由而全面的发展转化为政治现代化的内在机制。面对社会生活政治化、行政化依然突出的问题，中国特色社会主义制度要在治理现代化中实现新发展。

## 一 经济现代化：中国特色社会主义制度自信的核心能力

经济现代化一般是指以科技进步为先导、以工业化为核心，通过市场机制实现劳动生产率和国民收入的持续增长的过程，是传统农业社会走向现代工业社会、自然经济走向商品经济的重要阶段。我国经济现代化从生产力发展及社会进步的要求出发，大力调整所有制结构，通过社会主义市场经济体制改革实现经济振兴。

中国经济现代化要适应"中国处于并将长期处于社会主义初级阶段"这一基本国情，经过一个时间顺序有先有后、发展程度有高有低的先富带动后富的过程，最终达到共同富裕的目的。在这一过程中，既不能离开国家的宏观调控，也要发挥市场机制在资源配置中的决定性作用；既要坚持公有制的主体地位，又需要多种所有制形式同时并存。显然，从性质上看，经济的现代化伴随着社会制度的革命，这"同过去的革命一样，也是为了扫除发展社会生产力的障碍，使中国摆脱贫穷落后的状态"。[①] 邓小平在 1992 年南方谈话

---

[①] 《邓小平文选》第 3 卷，人民出版社，1993，第 135 页。

时提出了评判中国特色社会主义制度建设的价值标准,"应该主要看是否有利于发展社会主义社会的生产力,是否有利于增强社会主义国家的综合国力,是否有利于提高人民的生活水平"。[①] 这三条标准的核心是从生产力发展及社会进步的要求出发对制度建设提出了要求。经济现代化除了带来生产力的极大发展,还必然会对运行其中的与之基本相适应的生产关系和上层建筑提出变革性的要求,从而推动与新的生产力发展相适应的体制机制的建立和完善。"要大幅度地改变目前落后的生产力,就必然要多方面地改变生产关系,改变上层建筑,改变工农业企业的管理方式和国家对工农业企业的管理方式,使之适应于现代化大经济的需要。"[②] 随着经济领域改革的深入,党的十四大创造性地将市场经济作为社会主义经济领域改革的目标。党的十五大在总结社会主义建设二十年经验时,提出了实现现代化的基本纲领。党的十六大提出要牢牢把握我国现代化建设基本规律,从各个方面、各个层次上健全社会主义制度。党的十七大对实现全面建设小康社会提出了新要求和奋斗目标。在经济、政治、文化和社会建设四个领域进行了全面部署,形成了"四位一体"的发展中国特色社会主义事业的总体布局。党的十八大总结科学发展十年来,中国在现代化规模、发展速度方面的现实成就,进一步坚定了全党全国各族人民对中国特色社会主义制度的自信。习近平总书记在党的十八届三中全会上提出"使市场在资源配置中起决定性作用",将市场在资源配置中所起作用的定位由"基础性"变为"决定性",这一对市场在资源配置中所起作用的新认识、新论断,是新时期我们党在现代化建设问题上的理论创新,为我国继

---

① 《邓小平文选》第3卷,人民出版社,1993,第372页。
② 《邓小平文选》第2卷,人民出版社,1994,第135~136页。

续深化社会主义市场经济体制改革作了方向性指引。实践表明，经济现代化离不开正确的理论指引，在理论上纠正了以往把经济现代化的着眼点置于生产关系的变革、调整上的错误倾向，现代化就会继续顺利推进。经济现代化的核心是生产力发展和物质文明建设，但这一任务的实现只有从与生产力相关联的生产关系和上层建筑的发展中寻求制度的变革与创新，才能给经济现代化以制度推动力。例如，加快国有企业改革，丰富公有制的实现形式；全面深化体制改革，加快完善党的领导体制和各级政府的行政体制；建立和健全适合社会化大生产需要的现代企业制度，更好地发挥政府调控能力，提高工作效率等若干政治经济体制的改革方案的出台，极大地提高了社会生产力。

面对政治、经济体制改革进入深水区和攻坚期，经济发展进入新常态的现状，必须坚决贯彻"四个全面"战略布局，坚持改革创新，切实把经济现代化的着力点转到提高质量和效益上来。经济现代化要求提高中国特色社会主义制度内在机制的灵活性，增强其解放、容纳、激活、推进生产力的功能及资源动员能力。制度自信来自理论的正确性与实践发展的成就，即生产力的进步与社会发展，需要合理的制度，合理的制度一定基于符合国情的自主探索，一定基于现实的制度拥有促进经济现代化的能力。制度与经济现代化的长期良性互动，促进经济社会的发展，彰显中国特色社会主义制度自信。

## 二 政治现代化：中国特色社会主义制度自信的基本遵循

政治现代化要求增强中国特色社会主义制度的整合协调能力，由传统型政治体制和政治结构、行政管理手段和方法向适应现代工业社会和信息社会的新型政治体制和结构转变，从而在政治上为经济和社会的持续快速而健康的发展提供保障。就中国特色社会主义制度而言，要走出依赖政治动员驱动经济社会发展的传统格局，代之社会主义民主政治的程序化、规范化、制度化来实现经济及社会的全面协调和可持续发展。也就是说，形成以经济变革为基础的开放包容的制度系统。在保障人民权利的基础上，如何充分发挥人的潜能，为中国的工业化、现代化提供强大动力，是理论上需要进一步探索的问题。

党的领导是人民当家做主和依法治国的前提。政治现代化需要具有现代性的政治权威。人民对中国特色社会主义制度的自信首先表现为对政治权威的认可与认同，这是由中国共产党在现代化过程中的执政能力和领导水平来决定的。中国的政党制度使中国共产党具备了集中资源、协调各方共同推进经济社会发展的能力，其在经济社会发展中发挥规划、组织和协调的作用，具体体现为宏观调控经济运行、制定发展战略规划、协调区域发展、建设基础设施、营造政策环境和提供公共服务等。中国共产党是我国现代化建设的领导核心，要求政府权力运行能满足经济和社会生活对自由度的扩大化和自主化要求增强的制度发展，实现社会协调发展。只有整合调动各种社会资源，实现国家和社会的有机统一与和谐，才能形成真正意义上的权威。

人民当家做主是社会主义政治现代化的本质要求，依法治国是党领导人民治理国家的基本方略。党的十一届三中全会提出："为了保障人民民主，必须加强社会主义法制，使民主制度化、法律化，使这种制度和法律具有稳定性、连续性和极大的权威性，做到有法可依，有法必依，执法必严，违法必究。"① 1987 年，党的十

---

① 《三中全会以来重要文献选编》（上），人民出版社，1982，第 11 页。

三大报告提出:"改革的长远目标,是建立高度民主、法制完备、富有效率、充满活力的社会主义政治体制。"1997年,党的十五大进一步提出"依法治国,建设社会主义法治国家"。2002年,党的十六大更是旗帜鲜明地将"发展社会主义民主,建设社会主义政治文明"作为未来政治现代化发展的目标。必须指出的是,中国特色社会主义制度对实现人民当家做主的基本点,不是基于西方人的利己性价值判断,而是基于"人的自由而全面的发展"这个历史唯物主义命题。人民是中国特色社会主义制度的出发点,是中国特色社会主义建设的主体力量,这个价值取向随着改革的深入日益明显。党的十七大,中国共产党明确将"以人为本"作为科学发展观的核心要义,而且强调为民谋利是党执政的基本使命。将追求人的自由而全面发展的社会主义原则转化为制度建设与政治现代化的内在机制,是中国政治现代化与西方政治现代化的根本区别,也是制度自信的关键所在。民主既是一种价值追求,也是一种国家形式。现代化在注重保障人民基本权利的基础上,同时强调权利的实现必须与经济社会发展阶段相协调。考虑到我国当前的经济社会现状、面临的主要发展任务以及国际环境的影响,总结西方国家以及一些发展中国家民主政治发展的经验教训,党的十八大将社会主义协商民主确定为现阶段我国政治现代化的方向与重点。习近平同志强调:"人民是否享有民主权利,要看人民是否在选举时有投票的权利,也要看人民在日常政治生活中是否有持续参与的权利;要看人民有没有进行民主选举的权利,也要看人民有没有进行民主决策、民主管理、民主监督的权利。"[①] "在中国社会主义制度下,有事好商

---

[①] 习近平:《在庆祝中国人民政治协商会议成立65周年大会上的讲话》,人民出版社,2014,第12~13页。

量，众人的事情由众人商量，找到全社会意愿和要求的最大公约数，是人民民主的真谛"。①

## 三 治理现代化：中国特色社会主义制度自信的新进展

党的十八届三中全会提出了"推进国家治理体系和治理能力现代化"的战略目标，也提出了新时期中国特色社会主义制度的新要求，"形成系统完备、科学规范、运行有效的制度体系，使各方面制度更加成熟更加定型"。②改革开放以来，我国各方面建设虽然取得了显著的进步和成就，使中国特色社会主义制度自信有充分的理由，但是就制度具体层面而言，提升现代化水平仍然面临艰巨任务，尤其是社会生活政治化、行政化的问题依然突出。要积极参与全球治理为世界提供制度借鉴，中国特色社会主义制度还要在治理现代化上继续实现新突破，正确处理好党与国家和人民的关系，提高政府驾驭市场的能力，处理好政府宏观调控与市场调节的关系，不断提高政府的行政效率和社会管理能力，实现政党治理、政府治理和社会治理三个方面的突破性发展。

一是作为管理整个国家和社会的执政党，中国共产党要切实管党治党，提升中国共产党在整个社会政治生活中的核心地位。政党治理是政府治理和社会治理的前提。中国共产党的执政方位已经发生了重大变化，在社会主义市场经济条件下如何推动中国执政党转型是政党治理现代化的重要内容。要提高国家治理现代化水平，关键在党，政党的执政能力和执政水平会直接反映国家治理能力和水平。通过着力建设学习型、服务型、创新型政党变革和改进自身结

---

① 习近平：《在庆祝中国人民政治协商会议成立65周年大会上的讲话》，人民出版社，2014，第13页。
② 《十八大以来重要文献选编》（上），中央文献出版社，2014，第514页。

构、功能、机制和活动方式，以有效解决执政党执政能力现代化的问题，保证政党自身健康和谐有序需要常态化、制度化、科学化和规范化。理论上要把党与国家、政府、人民之间的关系厘清，在实践中切实处理好党与三者之间的关系。在制度层面上实行党政分开，优化党的执政方式，切实提高党的科学执政、民主执政、依法执政的水平，杜绝因党政关系模糊不清所带来的一切弊端。中国特色社会主义制度自信体现在政党治理与国家治理价值取向的一致性。国家治理过程中的政策制定、制度安排和行政方式都要求从人民群众的根本利益出发，这与党的治理理念完全一致。政党治理通过完善一系列制度机制，消除国家与社会之间的制度障碍，把权为民所用、利为民所谋落实在制度层面。

二是作为管理国家和社会事务的人民政府，要切实提高治理能力，能否妥善处理好政府与市场、社会组织和人民群众的关系问题，是评价政府治理现代化水平的重要标准。一个治理现代化的政府，往往能恰到好处地处理好政府与市场的关系，能妥善处理好政府与各社会组织的关系，能与人民群众保持密切和谐的关系。政府治理现代化要求政府在制度层面通过提供制度制约与监督，保证政企、政资、政事、政社分开，把政府从全能型政府中抽离出来。由政府管理向政府治理转变，关键在于形成将社会各种利益要求和不同利益表达汇聚起来参与政府决策的机制，使传统高度集权的政府管理体制呈现开放性与参与性，使制度向民主化行政方向靠近。

三是作为社会良性发展的基础，社会治理现代化要随着社会关系的调整而不断发展。调整好国家与社会的关系，制度层面要创新社会保障制度、利益诉求表达机制和社会矛盾调处机制。经过30多年渐进式的市场化改革，初步实现了国家行政权力的下放，初步显露了国家行政权力向社会主体分权、还权的取向。同时，经过近年来的行政体制改革，已经实现了将某些由政府包办的社会事务与权能还归社会，从高度一体化转向适度分离，极大地解放了社会生产力，促进了社会的自我发育和成熟。组建了各式各样的社会组织，有正式的与非正式的，有官方的有民间的，有经批准成立的有自发成立的，总之，组建了各式各样的社会组织。这些社会组织的逐步发展与活跃有利于增强社会活力，调动人民群众有序参与的积极性。治理现代化对中国特色社会主义制度提出了新的要求，在如何处理党内的核心与民主、核心与集体领导之间的关系，党内民主与党外民主之间的关系，党的领导和法治之间的关系上，中国特色社会主义制度都存在巨大完善与发展的空间，制度化是理论研究的永恒课题。

## 第二节 中国特色社会主义制度自信的实践基础

任何一种制度的确立都必须有实践的支撑。中国特色社会主义道路一方面为中国特色社会主义制度的创新发展开创新的方向，另一方面又以其自身的实践特点检验着制度创新的成果是否符合人民群众对社会发展的现实需要。同时，中国特色社会主义道路需要以中国特色社会主义制度为保障，没有制度保障的道路发展，终究走不长走不远。中国特色社会主义制度的伟大实践，立足于近代中国人民的救亡图存运动，历史实践充分地证明了只有社会主义才能发展中国，实现中华民族的伟大复兴。中华人民共和国成立后，中国人民开始了伟大的社会主义建设实践，这一实践的历史经验昭示世人，简单地照抄照搬发展不了中国，只有立足本国国情，不断地进行理论创新、制度创新，开创符合中国客观实际的道路，才能实现国家的繁荣，人民的富强。制度自信从探索中走来，在现实中形成，也会走向广阔的未来。

## 一　民族救亡图存运动中的制度探索

中国传统社会的解体是近代中国制度演进的历史背景，深入分析外部因素对中国传统社会的冲击后中国政治经济的延续发展，是研究当代中国特色社会主义制度的逻辑起点。这一时期的制度探索或尝试是中国特色社会主义制度自信的重要引导。鸦片战争后，多数的中国人将国家富强和民族复兴的希望寄托于实行和发展资本主义，他们向西方学习，试图套用西方的资本主义制度来改造中国。"要救国，只有维新，要维新，只有学外国。那时的外国只有西方资本主义国家是进步的，它们成功地建设了资产阶级的现代国家。"[1] 从太平天国运动、洋务运动、戊戌变法、清末新政、辛亥革命、新文化运动，到南京国民政府，构成了资本主义在中国发展的主线。完整地梳理出这条主线，是理解当前中国特色社会主义制度的前提和基础。

太平天国运动是中国近代历史上最大的一次农民起义运动，它同以往中国历史上的其他农民起义运动有着明显的不同，首先在于它发生在中国被动开放的背景下，封建主义和帝国主义的压迫，使其具有了不同于以往的特殊性。太平天国运动领导人在起义一开始，便提出了"上帝面前人人平等"的口号，具有了浓重的基督教色彩。1853年，定都天京后，太平天国领导层颁布了《天朝田亩制度》，根据"凡天下田，天下人同耕"的原则，把土地分为三六九等。其所主张的土地分配方式，实质上"是为资本主义的发展扫

---

[1]《毛泽东选集》第4卷，人民出版社，1991，第1470页。

清障碍"。① 但其革命目标主要在于建立一个自给自足的理想的小农社会，这与现实情况相悖，因此根本就不可能实现。太平天国后期，1859年，接触过资本主义文明的洪仁玕在太平天国领导层担任了比较高级的职务，并且颁布了一部资本主义色彩比较浓厚的施政纲领——《资政新篇》。其具有明确施政纲领的资本主义设想，由于受制于当时客观军事形势的影响，这一施政纲领并没有得到实施，但是它仍然开了中国制度思想史的先河。无论是太平天国运动本身，还是《资政新篇》的颁布，都为后来的革命者提供了强有力的借鉴。其中，孙中山先生的"三民主义"学说在一定程度上受到了太平天国理念的影响。"孙中山认为洪秀全之失败，是因为他懂得民族独立但不懂得民众主权，懂得君主制度但不懂得民主。为纠正这些意识形态的缺陷，孙中山倡导了洪秀全的前两项'民族'和'民权'原则，而第三项'民生'主义则包含了'平均地权'和'节制资本'的思想，这部分是受太平天国土地制度和财产公有制的启发，因此太平军未能实现的社会革命，在孙中山及其信徒身上都得到了部分推行。"② 从中，可以看出资本主义在中国发展中的代际继承关系。

农民阶级本身向西方的学习就带有一定的盲目性，虽然后期施政纲领的创造者洪仁玕有着香港生活经历并且接触过西方文明，但仍然改变不了其自身的视野、思想等。地主阶级虽然最早倡导"开眼看世界"，但是真正开展向西方学习的地主阶级运动却晚于太平天国运动，它就是倡导"中体西用"的洋务运动。"中学为体，西学为用"的思想，最早由冯桂芬于1861年在《校邠庐抗议》中提

---

① 胡绳：《从鸦片战争到五四运动》（上册），人民出版社，1981，第200页。
② 徐中约：《中国近代史：1600—2000 中国的奋斗》，世界图书出版公司，2008，第198~199页。

出,"以中国伦常名教为原本,辅以诸国富强之术",① 虽然此时冯桂芬还未用"体""用"正式区分中学、西学,但其实质主张却已彰显。1892 年,郑观应在《盛世危言·礼正·西学》中提出,"中学其本也,西学其末也。主以中学,辅以西学"。1895 年,甲午中日战争,中国败于日本后,朝野震动,无论是王公大臣还是贩夫走卒,都纷纷建言献策,欲振中华。时任《万国公报》主笔的沈寿康发表《匡时策》一文,提出"夫中西学问,本自互有得失。为华人计,宜自以中学为体,西学为用"。这是国人首次正式提出的"中学为体,西学为用"。1898 年,张之洞在其影响巨大的著作《劝学篇》中采用了"旧学为体,新学为用"的说法,但其实质上却是对"中体西用"思想进行的系统解释和论证。"中体西用"的理念是洋务运动开展的指导思想,所以,在开展洋务时,虽然"洋务"包括了"一切与外洋来的事物相关的事情",② 但是洋务运动所注重的还是"国防的现代化"。在洋务运动的进程中,不能说地主阶级的先进人物没有意识到西方资本主义在制度方面存在的优势,曾国藩就曾指出:"卫鞅治秦,以耕战二字立国;泰西诸洋,以商战二字为国。"这也就说明曾国藩认识到了中西差距不仅仅有器物上的差距,还有着更深层次的制度文化因素。可以说,以张之洞、曾国藩为代表的地主阶级洋务派,所坚持的在于:"封建纲常不能动摇,封建制度不能改革,中国的'圣教'是根本,是不可变的;西方资本主义国家的工艺、器械,只能'补吾缺'"。③ 事实证明,简单地学习西方军事的先进工艺,以图自强的运动注定是无法成功的。所以,在洋务运动的后期,地主阶级先进分子主张"官督

---

① 冯桂芬:《校邠庐抗议》(近代文献丛刊),上海书店出版社,2002,第 48 页。
② 胡绳:《从鸦片战争到五四运动》(上册),人民出版社,1981,第 309 页。
③ 汤志钧:《近代经学与政治》,中华书局,1989,第 223 页。

商办",开展实体企业,以"求富"。后期运动的开展,一方面开阔了世人的眼界,另一方面促进了资本主义在中国的进一步发展。洋务运动可以说是开展了中国近代有限现代化的尝试,但是受体制机制方面的诸多因素的影响,注定了其失败的结局。但其诸多主张在日后都产生了一定的影响,并且为后来资本主义制度的创新提供了强有力人才、实践等方面的支撑。

1895年,中日甲午战争中方战败,在一定意义上这代表着以"自强"为目的的洋务运动彻底失败了,同时,又在一定程度上逼迫着先进的中国人寻找其他救国之路。以康有为、梁启超为代表的知识分子阶层针对这种情况,借鉴早期维新派郑观应等人的观点,发展了君主立宪思想,并且在光绪皇帝的支持下,进行了变法运动。戊戌变法是一场自上而下推行的、比较激进的政治改良运动,这是统治阶级内部首次尝试以资本主义的方式变革中国社会政治制度。维新派主张学习西方,赋予民众一定的权利,推行资产阶级政治改革,尊重资产阶级的权力,传播资产阶级的科学文化思想观念,等等。对比洋务运动,维新变法进步的地方在于它倡导的改革首次触及了制度层面。与洋务派"中学为体,西学为用"和"重农抑商"不同,戊戌变法主张"立宪法,开国会",注重发展工商业。康有为在给光绪皇帝的上书中,曾写道:"伏乞上师尧舜禹三代,外采东西强国,立行宪法,大开国会,以庶政与国民共之,行三权鼎立之制,则中国之治强,可计日待也"。[①] 这在一定程度上就是倡导西方资本主义三权分立的政权组织原则,并且倡导人民主权,这是制度层面的重大变革。康有为"把君主立宪解释为'君民共治'。他所谓的君是封建势力的代表,他所谓的民,则在实际上

---

[①] 冯友兰:《中国哲学史新编》(第6册),人民出版社,1989,第102页。

主要是指资产阶级。资产阶级这时自命为全体人民的代表"。① 君主立宪的实质是要求君主交出权力，使君主居于虚位，仅仅是国家的象征。但是康有为从光绪皇帝的立场出发，虽然主张下放政权，但不主张交出所有的权力，因此，"他所理解的君主立宪并不是或并不全是在当时西方已实行的君主立宪"。② 据统计，"从1896年6月11日到9月20日，教育、行政管理、工业和国际文化交流领域的约40到55项法令很快陆续颁发"。③ 此时颁布的政令中并不包括康有为自己所论述的君主立宪的内容，但是经济和教育的改革仍显得有些激进。然而即使是这些激进的改革计划，在"帝党"和"后党"的权力斗争中，也遭遇了从中央到地方各个级别的官员的反对。最后，在改革中，不仅改革的政令没有得到贯彻执行，而且改革的中坚力量最终以流血的方式宣告了自己的失败。维新变法的失败，宣告着中国第一次实行制度变革的失败，但是这次变革同样留下了一系列的政治遗产。其后的清末新政，在一定程度上是借鉴了这次改革的成果。

随着义和团运动的失败、《辛丑条约》的签订，国内外矛盾日渐尖锐。在风雨飘摇中，清政府认识到了进行全面改革的重要性，在一部分有识之士的支持下，清政府开展了著名的"立宪运动"，以期挽救自身的统治。1905年，清政府颁布圣谕派出五大臣出洋考察，学习西方列强的立宪成果。1906年，清政府正式宣布预备立宪，并于两年后颁布了《钦定宪法大纲》，宣布"十年后立宪"。1911年，任命内阁，正式宣布组阁。可以看出，这是清王朝主动推行的

---

① 胡绳：《从鸦片战争到五四运动》（下册），人民出版社，1981，第535页。
② 冯友兰：《中国哲学史新编》（第6册），人民出版社，1989，第102页。
③ 徐中约：《中国近代史：1600—2000 中国的奋斗》，世界图书出版公司，2008，第299页。

自上而下的政治改良运动，同时在这一时期也取得了一系列的改良成果。

一是对现代法律体系和司法制度的尝试。清末新政在政治方面卖弄的改革实际上可以分为两个阶段。在改革前期，整顿吏治，主要是裁撤合并一些旧有机构；在改革后期，主要是对法律体系的构建和现代司法制度的尝试，1906年，清政府颁布了《钦定宪法大纲》，并且在此基础上制定了一系列的新法规。同时，还开始了君主立宪的实践，确定了君主立宪的改革方向。这些改革虽然带有一定的不彻底性，却是对传统的封建君主专制的改造，标志着中国政治近代化迈出了关键的一步。二是对教育的改革，采取了现代教育方式。清末新政另一个重要的举措在于废除了科举制，加速了近代社会的演变。科举制作为封建王朝选人用人的重要制度，在维护封建君主专制统治方面有着重要作用。科举制的废除，彻底改变了国家的选人用人方式，"对中国社会的影响不亚于一场革命"。三是军事改革。传统上对军人的选拔，一般是通过世袭或者武举考试，1901年，清政府下令废除了武举考试，制定了新军军制。在后来的辛亥革命中，新军大多为革命党所掌握，成为辛亥革命的主力军。

俄国十月革命以前，近代中国人民有了制度选择的自省意识，但无论是农民阶级还是资产阶级改良派（洋务运动、维新变法与清末"新政"等），他们在制度渐进改良的基础上进行的变革依然无法撼动封建社会制度统治根基，更不会从根本上改变近代旧中国半殖民地半封建的社会性质。资产阶级革命派企图凭借革命手段，打碎落后的封建主义的枷锁，建立崭新的资本主义国家，走上实业救国之路。然而，随着资产阶级领导的两次运动的相继失败，终结了中国人民通过资本主义制度实现民族独立的愿望。正当中国人民对未来道路的探索感到迷茫时,"俄国的一声炮响"促使中国当时的先进知识分子把学习的目光由西方转向东方。十月革命以后建立的苏维埃社会主义制度吸引了中国的先进知识分子,经过广泛宣传和讨论,最终在先进知识分子中被广泛接受,"走俄国人的路——这就是结论"。① 从那时开始先进的知识分子及无产阶级开始有了制度自觉意识,寻找能真正实现民族独立与人民解放的制度。以孙中山为代表的资产阶级革命派,发动了辛亥革命,结束了清王朝的统治,彻底废除了封建君主专制制度,建立了资产阶级的民主制度。基于历史的原因,辛亥革命的果实被袁世凯封建军阀的独裁统治所取代,孙中山的"三民主义"化为泡影,留下一个四分五裂、千疮百孔的烂摊子。历史和实践证明,移植他国的制度在中国行不通,必然要走出一条有中国特色的制度建设道路。

## 二 中国共产党人对现代社会制度的探求

勇挑历史重任的中国共产党人,在新制度的建构中把人民的利益与国家发展紧密联系起来,使中国特色社会主义制度自信有了深厚的民族性与人民性。

### (一) 早期共产党人对新的社会制度的向往

早期共产党人提出要改变四分五裂的状态必须进行政治革命,推翻封建反动势力的统治,建立独立的民主共和国。陈独秀在《怎么打倒军阀》一文中认为只有建立一个统一的共和国,才能根本改变中国军阀混战的局面,提出打倒军阀,建立新的国家。辛亥革命失败后,一些具有先进思想的知识分子开始对革命道路进行新的探

---

① 《毛泽东选集》第4卷,人民出版社,1991,第1471页。

索。当时马克思主义的一些著作也被一些学者、翻译家传入中国，一些具有开拓意识的知识分子如李大钊、陈独秀等，通过学习和研究马克思的经典著作，认识到社会主义道路是解决中国民族独立的唯一道路，开始积极宣传马克思主义。五四运动以后，马克思主义在中国得到广泛的传播，同时在十月革命胜利的鼓舞下，"走社会主义道路""建立社会主义国家"在知识分子中间获得了普遍认同。中国共产党自成立之日起，就明确把马克思主义作为政党的指导思想，且旗帜鲜明地把实现共产主义制度作为自己的远大奋斗目标。在实现社会主义目标的引领下，逐渐凝聚一大批有着共同理想、共同信仰的有识之士及紧跟其后前赴后继、南征北战的成千上万的革命先驱，形成了推动民主革命与社会主义革命接续向前以及建立社会主义制度的坚实有力的阶级基础。中国共产党第二次全国代表大会将反帝反封建作为中国共产党的斗争目标，提出打倒军阀，推翻国际帝国主义的压迫，统一中国为真正民主共和国，并将这作为党在当前阶段的最低纲领。早期共产党人倡导建立的社会主义国家以公有制为基础，对旧中国的经济制度进行变革，改变落后生产力，"消灭资本家私有制，没收机器、土地、厂房和半成品等生产资料，归社会公有"。[1] 这同倡导以私有制为基础的地主阶级和资产阶级相比是巨大的进步。瞿秋白认为，中国未来的前途是进入社会主义社会，"最终的目标及根本的原则：必定先立劳动者独裁政体，方能发展社会主义的经济，以至于共产主义的社会"。[2] 当前中国的制度是无数优秀共产党人探索中国道路的结晶，凝结着无数人的心血，是中国共产党人在总结中国革命、建设、改革经

---

[1] 《建党以来重要文献选编（1921—1949）》第 1 册，中央文献出版社，2011，第 1 页。
[2] 《瞿秋白文集（政治理论编）》第 1 卷，人民出版社，2013，第 427 页。

验教训的基础上对马克思主义创造性发展的产物，是历史的必然、人心所向。

新民主主义革命，既不同于西方国家经过市民革命取得国家政权的资产阶级民主革命，也不同于苏联东欧的社会主义革命：革命之后，建立了工农苏维埃（人民民主）政权。以毛泽东为核心的第一代领导集体在探索如何实现社会主义时，提出"两步走"战略："第一步，改变这个殖民地、半殖民地半封建的社会形态，使之变成一个独立的民主主义的社会。第二步，使革命向前发展，建立一个社会主义的社会"。① 毛泽东指出，中国革命是民族民主革命，对外打倒帝国主义以实现民族独立，对内推翻封建主义的独裁统治以实现人民民主，中国新民主主义革命的前途是社会主义。但因经济文化的落后要实现第一步向第二步的转变需要建立一个过渡性的政权。以毛泽东为核心的第一代领导集体分析了近代中国国情和革命的时代特征，摸索出一条适合本国的新民主主义道路，创立了具有过渡性质的新民主主义政权。中国共产党人从经济十分落后的现状出发允许在过渡时期"资本主义一定程度地发展"，在坚持社会主义方向的前提条件下保护民族工商业有利于在经济上巩固刚刚建立的过渡政权。在抗日战争时期，毛泽东对新民主主义革命进行了详细阐述，他在《新民主主义论》中强调："国体——各革命阶级联合专政。政体——民主集中制"。② "帝国主义列强侵入中国的目的，决不是要把封建的中国变成资本主义的中国。帝国主义列强的目的和这相反，它们是要把中国变成它们的半殖民地和殖民地"。③ 西方资本主义国家的发展是一条典型的依靠野蛮地掠夺和剥削的道

---

① 《毛泽东选集》第 2 卷，人民出版社，1991，第 666 页。
② 《毛泽东选集》第 2 卷，人民出版社，1991，第 677 页。
③ 《毛泽东选集》第 2 卷，人民出版社，1991，第 628 页。

路,他们在完成资本原始积累后,开始在世界范围内不断地建立殖民地,对落后民族和地区进行充满暴力与血腥的殖民统治,完成了自己称霸世界的目的。中国显然不具备走资本主义道路的条件,无产阶级的政党性质也决定了中国不能建立像西方那样的少数人压迫多数人的政治与经济制度。

### (二)中国共产党对新社会制度的构建

中国共产党人对制度的探索一直贯穿在整个新民主主义革命的实践过程中。对于革命胜利后,新中国将采取什么样的政权组织形式,建立一个什么样的社会制度的问题,一直是中国共产党和毛泽东在革命实践过程中认真思考和研究的重点。

1. 新中国政治制度的构想

第一,人民民主专政思想的提出。毛泽东早在1942年2月就提出,"在工农联盟基础上的人民民主专政,而究其实质就是无产阶级专政。不过对我们这个国家来说,称为人民民主专政更合适、更为合情合理"[①]。1942年9月,毛泽东发表《论人民民主专政》,对人民民主专政的性质和内容进行了详细的阐述,指出:"对人民内部的民主方面和对反动派的专政方面,互相结合起来,就是人民民主专政"。[②] 1948年召开的中央政治局扩大会议,毛泽东对新中国成立后的政权组织形式做了详细的设计和规划,指出未来将建立无产阶级领导的、以工农联盟为基础的人民民主专政国家,工农联盟是中国国家和社会的基础,但也包括城市小资产阶级,社会各阶级在国家政权中的地位依国家和社会建设的发展而逐步确立起来,

---

① 《在历史巨人身边——师哲回忆录》(修订本),中央文献出版社,1996,第376页。
② 《毛泽东选集》第4卷,人民出版社,1991,第1475页。

这一基本原则在后来的宪法中得到了坚决的贯彻。

第二，新中国政权组织形式。毛泽东在《新民主主义论》中强调："国体——各革命阶级联合专政。政体——民主集中制。""没有适当形式的政权机关，就不能代表国家。"① 根据政体与国体的关系，毛泽东进一步强调应该采取和当时的国体相适应的政体，认为人民代表大会制度是与未来国体相适应的，并进一步认为民主集中制应该是人民代表大会制度的基本原则。在1948年9月召开的中央政治局扩大会议上，毛泽东强调："人民民主专政的国家，是以人民代表会议产生的政府来代表它的"。"我们的政权制度是采取议会制呢，还是采取民主集中制？""我们采用民主集中制，而不采用资产阶级议会制。"② 在党的七届二中全会上，毛泽东强调要巩固和加强无产阶级领导的以工农联盟为基础的人民民主专政，并进一步指出人民民主专政的领导力量和基础力量应包括工人、农民以及大部分先进的知识分子，强调要强化无产阶级领导的人民共和国的国家制度。毛泽东指出，我们实行的人民代表大会制度与资本主义国家的议会制是有根本区别的，是在借鉴社会主义苏联实行的苏维埃制度基础上发展起来的社会制度，但是"在内容上我们和苏联的无产阶级专政的苏维埃是有区别的，我们是以工农联盟为基础的人民苏维埃"，③ 就是尽可能多地团结小资产阶级和自由资产阶级的代表人物，让民族资产阶级参与到人民代表会议中来。

第三，政党制度。与人民民主专政的国体相适应的政党制度是中国共产党领导的多党合作和政治协商制度。新中国成立之初，对于我国民主党派是否继续存在的问题，第一代领导集体就曾设想在

---

① 《毛泽东选集》第2卷，人民出版社，1991，第677页。
② 《毛泽东文集》第5卷，人民出版社，1996，第136页。
③ 《毛泽东文集》第5卷，人民出版社，1996，第265页。

新组建的国家政权中"中共和进步分子合为 2/3，中间与右翼占 1/3"。① 在国家政权机关中，不仅是共产党，民主党派也有相应的职位，"但国家政权机关的领导权还是在共产党的手里，这是坚定不移的，丝毫不能动摇的"。② 在党的七届二中全会上，毛泽东指出要正确对待城市小资产阶级和民族资产阶级，以及他们的政治派别和知识分子。同时，还要讲党内与党外合作的政策，在党的工作和思想上确定下来。这些党外和党内的合作政策在党的七届二中全会上被确定了下来，形成了党的领导的理论基础。党的七届二中全会之后，毛泽东关于党与党外民主人士合作的构想日渐成熟，初步确定了多党合作的基本原则。

第四，民族区域自治制度。从党的二大到抗战前期，中国共产党把马克思主义民族思想与中国的民族实际情况相结合，提出用"民族自决"原则，解决内蒙古、西藏、新疆三大边疆民族问题，历史向前推进，民族平等思想逐渐代替了绝对的民族自决思想，抗日战争时期陕甘宁边区在处理民族问题积累的实践经验基础上，逐渐探索出一条适合中国国情的民族区域自治的新道路。解放战争初期，毛泽东曾经明确强调："中国境内各少数民族有平等自治的权利"。③ 新中国成立前夕，民族区域自治政策就被写入了《共同纲领》，在"国家根本大法"层面确立了国家统一前提下各少数民族的政治地位，"各少数民族聚居的地区，应实行民族的区域自治，按照民族聚居的人口多少和区域大小，分别建立各种民族自治机关"。④ 1945 年，在党的七大报告中，又明确将"改善国内少数民

---

① 薄一波：《若干重大决策与事件的回顾》上卷，中共中央党校出版社，1991，第 32 页。
② 《在历史巨人身边——师哲回忆录》（修订本），中央文献出版社，1996，第 376 页。
③ 《毛泽东选集》第 4 卷，人民出版社，1991，第 1238 页。
④ 《建国以来重要文献选编》第 1 册，中央文献出版社，1992，第 12 页。

族的待遇，允许各少数民族有民族自治的权利"①写入党的政治纲领。

2. 新中国成立之初经济制度的构想

第一，新民主主义经济的性质。在1948召开的中共中央政治局扩大会议上，毛泽东首次提出了革命胜利后，社会经济成分的性质和结构将发生变化，并进一步指出国营经济将变成社会主义性质的经济成分，新中国的经济制度也将是以社会主义国营经济为主导的多种经济成分并存的经济制度，在权衡各方因素的基础上，毛泽东提出："我们的社会经济的名字还是叫'新民主主义经济'好"。②他进一步认为，作为社会主义的国家一定是公有制经济在经济领域居于主导地位，其他私有经济成分应该在公有制经济领导下，而在新民主主义各经济成分中最能满足这一要求的就是国营经济。毛泽东在1948年9月曾强调，在新民主主义经济建设中，放弃无产阶级的领导地位是错误的，同时，又必须坚决地、严密地防止任何急性的"左"倾冒险主义的倾向。③新民主主义经济不是实行"计划经济"的社会主义经济，而是为今后的社会主义经济做准备的过渡性经济，这就同不顾实际地"过早和过多地"采取社会主义步骤的"左"倾冒进划清了界限，也与"放弃无产阶级领导地位"的右的错误划清了界限，明确规定了新民主主义经济的性质。

第二，新民主主义经济结构。新民主主义革命胜利后，铲除了落后的封建主义生产关系，没收土地归农民所有，生产者获得了生产资料调动了农民生产的积极性，但没收官僚资本建立起来的国营经济仍然不是国民经济的主体。要确立社会主义经济的主体地位，

---

① 《毛泽东选集》第3卷，人民出版社，1991，第1064页。
② 《毛泽东文集》第5卷，人民出版社，1996，第139页。
③ 参见《毛泽东经济年谱》，中共中央党校出版社，1993，第251页。

还需要很长时间的努力,需要积极调整经济成分和各部门之间的比例。为此,毛泽东强调:"新中国的经济构成,首先是国营经济,第二是由个体向集体发展的农业经济,第三是私人经济"。①"国营经济"在新民主主义经济中处于发展的"首要地位",并不是要忽视"农业经济"和"个体经济"的地位和作用,关于这一点毛泽东在党的七届二中全会的报告中做了进一步的阐述,分析了新中国成立后主要存在的几种经济成分以及它们各自的属性,同时明确了各经济形态在新民主主义社会中的地位和作用。

新中国成立前夕,以毛泽东为核心的第一代领导集体带领人民设计规划了未来的政治制度和经济制度,为新民主主义社会向社会主义社会过渡创造了条件。党的第一代领导集体在新民主主义革命胜利前夕探讨的未来社会制度的建构体系以及制度建设的基本思路,为未来国家制度的建立健全奠定了理论基础。

### 三 中国特色社会主义制度的确立和自我革新

中国特色社会主义制度的确立在时间上有一个过程,在形式上都是以国家最高法律形式确立的。新中国第一部起临时性宪法作用的《共同纲领》和第一部正式宪法都对我国人民民主专政的国家性质以及其他具体制度做了明确的规定,在此基础上,我国的制度建设取得了一系列成果。1956年底,社会主义三大改造完成,我国经济结构、上层建筑和阶级关系都发生了变化,完成了由新民主主义社会向社会主义社会的转变。这一期是中国特色社会主义制度形成与完善的重要时期,开启了制度自信面向未来、面向世界的新格局。

---

① 《毛泽东文集》第5卷,人民出版社,1996,第140页。

## (一) 中国特色社会主义制度的确立

中国特色社会主义制度自信,深刻地表现为社会主义制度的确立及其自我革新自我发展方面。党的十一届三中全会以后,社会主义制度的不断完善和发展,政治制度建设方面取得的极大成就,成为制度自信的深厚实践基础。

1. 社会主义政治制度的确立

第一,建立了人民民主专政制度。新中国成立前夕,由政治协商会议通过的《共同纲领》强调:"中华人民共和国为新民主主义即人民民主主义的国家,实行工人阶级领导的,以工农联盟为基础的、团结各民主阶级和国内各民族的人民民主专政"。[①] 革命胜利后,人民民主专政制度有了在全国推行的政治条件,意味着"革命根据地的人民民主专政……变成了全国的人民民主专政",[②] 人民民主专政从理论上的设想变为现实。人民民主专政的国体与资产阶级的国体有着本质的区别,人民民主专政的本质是无产阶级专政。在资本主义社会,始终是资产阶级掌握国家政权,广大人民群众并没有政治权利,人民民主专政则是保证广大人民当家做主的实现,充分保障人民的政治权利。人民民主专政制度创造性地将民主和专政相结合,表明了二者之间存在的内在关系,为社会主义民主制度的建立健全提供了基础。在1954年通过的《中华人民共和国宪法》中,明确规定了人民民主专政制度,这样就用国家最高的法律形式将人民民主专政制度确立起来了。

第二,建立了人民代表大会制度。人民代表大会制度的确立经

---

[①] 《建国以来重要文献选编》第1册,中央文献出版社,1992,第2页。
[②] 《建国以来毛泽东文稿》第6册,中央文献出版社,1992,第141页。

历了一个过程，新中国成立之初，因当时的历史条件相对复杂，还不具备全面实行人民代表大会制度的条件，因而，人民代表大会制度作为最重要也是最根本的政治制度并没有随着新中国的成立而一同确立起来，而是在中央先实行了中国人民政治协商会议、地方上实行了人民代表会议，并逐步过渡到人民代表大会制度，这也是为适应经济建设的需要，落实《共同纲领》对健全人民民主专政制度的规定的必然选择。1953年通过了《关于召开全国人民代表大会和地方各级人民代表大会的决议》（以下简称《决议》），《决议》提出及时召开全国人民代表大会，并强调各级人大代表应是通过人民普选的方式产生的。1954年，《中华人民共和国宪法》《中华人民共和国全国人民代表大会组织法》《中华人民共和国地方各级人民代表大会和地方各级人民委员会组织法》相继诞生，从法律层面将人民代表大会制度予以确立。人民代表大会制度的确立极大地推进了社会主义政治民主化的进程，为社会主义国家提供了一种崭新的国家政权的组织形式，从根本上保障了人民当家做主的权利。

第三，建立了中国共产党领导的多党合作制度。1948年劳动节前夕，党中央发出倡议"各民主党派、各人民团体、各社会贤达迅速召开政治协商会议，讨论并实现召集人民代表大会，成立民主联合政府"。[①] 这一倡议在社会各界引起广泛影响，在1949年的新政协筹备会议第一次全体会议上审议并通过了《新政治协商会议筹备会组织条例》（以下简称《条例》），《条例》中包含各民主党派和无党派人士。这一各党派的合作方式一直保留下来并为新中国成立后实行的政党制度奠定了基础。1954年通过的新中国第一部宪法对中国的政党制度予以了规定："我国人民在建立中华人民共和国的

---

[①] 《十七大以来重要文献选编》（中），中央文献出版社，2011，第201页。

伟大斗争中已经结成以中国共产党为领导的各民主阶级、各民主党派、各人民团体的广泛的人民民主统一战线。今后在动员和团结全国人民完成国家过渡时期总任务和反对内外敌人的斗争中，我国的人民民主统一战线将继续发挥它的作用。"① 这就用宪法的形式，确定了我国的政党制度。

第四，建立了民族区域自治制度。《共同纲领》规定："各少数民族聚居的地区，应实行民族的区域自治，按照民族聚居的人口多少和区域大小，分别建立各种民族自治机关。"② 新中国成立后，在少数民族聚居区积极探索民族区域自治制度的实践，同时，也开始为其建立健全的法律保障体系相继通过颁布了一系列的法律法规。1954年新中国的第一部宪法对民族区域自治制度进行了宪法层面的确定，标志着民族区域自治制度获得了国家层面的确认。随后，国务院又颁布了一系列的法规条例，巩固了民族区域自治制度。到1956年，全国统一的民族区域自治体系基本形成，民族区域自治的框架基本确立。

2. 社会主义法制的确立

新中国成立后，国家性质发生了根本改变，社会的方方面面发生了翻天覆地的变化，为应对当时复杂的社会形势、稳定新的社会秩序、促进国家经济的大发展，中共中央相继制定了一系列的法律制度。新中国成立前夕通过的《共同纲领》中明确规定："废除国民党反动政府一切压迫人民的法律、法令和司法制度，制定保护人民的法律、法令，建立人民司法制度。"③ 新中国成立后，按照《共同纲领》的有关规定，在全国范围内开始了法制建设的进程。

---

① 《建国以来重要文献选编》第5册，中央文献出版社，1993，第521页。
② 《建国以来重要文献选编》第1册，中央文献出版社，1992，第12页。
③ 《董必武法学文集》，法律出版社，2001，第341~342页。

根据实际的需要，先后制定了各级政府和司法机关工作的基本准则，颁布了一些具体的诸如工会法、婚姻法、土地改革法等。1954年新中国第一部宪法诞生，标志着新中国的法制建设进入一个新的阶段。在宪法规定的框架内，又出台了一系列重要的法律法规。1956年党的八大召开前，在经济法、民法、刑事法、诉讼法等领域的立法工作都取得了明显进步。法制建设取得的成效为维护社会的安定、促进经济发展都起到了积极的作用，为巩固中国特色社会主义制度、完善中国特色社会主义法律体系奠定了基础。

3. 社会主义经济制度的确立

第一，社会主义所有制结构的确立。新中国成立后，当时处于几种经济形态并存的状况，主要包括公有制性质的、半公有制性质的、非公有制性质的经济形态，"各种社会经济成分在国营经济领导之下，分工合作，各得其所，以促进整个社会经济的发展"。① 其中，国营经济在各种经济成分中居主导地位，是领导力量，其性质属于社会主义经济，合作社经济、国家资本主义经济是半社会主义性质的经济。多种经济形态同时存在，充分保证了经济发展的活力；同时国营经济的领导，又保证了社会主义经济建设的方向，二者的共同作用，充分保障了新中国成立初期经济的恢复与发展。伴随着经济的恢复和发展，党中央提出了过渡时期的总路线，"总路线也可以说就是解决所有制的问题。国有制扩大——国营企业的新建、改建、扩建。私人所有制有两种，劳动人民的和资产阶级的，改变为集体所有制和国营（经过公私合营，统一于社会主义），这才能提高生产力，完成国家工业化"。② 由生产资料的多种所有制

---

① 《建国以来重要文献选编》第1册，中央文献出版社，1992，第7页。
② 《毛泽东文集》第6卷，人民出版社，1999，第301页。

形式并存向生产资料的公有制转变,确保公有制成为国家的经济基础,这是总路线的核心。根据总路线的指示精神,人民热情高涨,在较短的时间内完成了"三大改造",使社会主义制度在中国确立下来。

第二,社会主义计划经济体制的确立。随着三大改造的完成,公有制成为社会所有制的唯一形式,与此相对应地,以计划经济体制为特征的所有制实现形式逐步确立。毛泽东强调:"总路线也可以说就是解决所有制的问题。国有制扩大——国营企业的新建、改建、扩建。私人所有制有两种,劳动人民的和资产阶级的,改变为集体所有制和国营(经过公私合营,统一于社会主义),这才能提高生产力,完成国家工业化。"[1] 他还指出:"社会主义国家的经济能够有计划按比例地发展,使不平衡得到调节,但是不平衡并不消失。'物之不齐,物之情也。'因为消灭了私有制,可以有计划地组织经济。"[2] 1954年通过的新中国第一部宪法明确指出,将实行计划经济,强调计划在国民经济的改造与发展中的指导地位,以发挥不断提高社会生产力的作用,进而提高人民物质生活和精神生活的水平,维护国家独立,巩固国家政权。随着经济领域中的计划体制的建立,管理体制中也建立了与之相适应的高度集中的计划管理体制,计划管理体制在工商企业管理、基本建设管理、价格管理等方面也都纷纷确立起来。

### (二) 中国特色社会主义制度的自我革新

1. 中国特色社会主义制度的初步改革

从1966年开始,持续十年的"文化大革命"暴露了党和国家

---

[1] 《毛泽东文集》第6卷,人民出版社,1999,第301页。
[2] 《毛泽东文集》第8卷,人民出版社,1999,第119页。

在制度建设方面存在的一些问题。改革开放以来，党和国家对制度建设的一系列创新举措，正是对新中国成立以来特别是"文化大革命"问题的反思。邓小平指出："文化大革命"这个教训是非常残酷的，"不是说个人没有责任，而是说领导制度、组织制度问题更带有根本性、全局性、稳定性和长期性"。① 在总结"文化大革命"的经验教训时，邓小平指出"要从制度方面解决问题"。② 叶剑英也指出："一个国家非有法律和制度不可。这种法律和制度要有稳定性、连续性。"③ 中国共产党通过总结历史经验教训所得出的深刻体会与改革开放后的社会实践相结合，促成了中国制度的不断创新发展。在此期间，中国共产党对制度的创新主要体现在以下几个方面。

第一，党和国家领导制度的改革。这一时期政治体制改革的核心内容就是完善党和国家的领导制度。邓小平曾经指出："我们过去发生的各种错误，固然与某些领导人的思想、作风有关，但是组织制度、工作制度方面的问题更重要。这些方面的制度好可以使坏人无法任意横行，制度不好可以使好人无法充分做好事，甚至会走向反面。"④ 围绕党和国家制度的改革，首先恢复了在"文化大革命"中遭到极大破坏的党和国家的组织领导制度，恢复了在"文化大革命"中被撤销的纪律检查机关和中央书记处，增设了中央顾问委员会，逐步形成了中央书记处、中央政治局和中央政治局委员三个层次的领导体制。⑤ 在国家机构系统，主要是恢复了全国人民代表大会等国家机关。另外，确立了党政职能分开以及党在国家法律

---

① 《三中全会以来重要文献选编》（上），人民出版社，1982，第524页。
② 《邓小平文选》第2卷，人民出版社，1994，第348页。
③ 《叶剑英选集》，人民出版社，1996，第499页。
④ 《改革开放三十年重要文献选编》（上），人民出版社，2008，第150页。
⑤ 《中国改革开放30年》，辽宁人民出版社，2008，第95页。

范围内的活动准则。新中国成立伊始，我们就确立了一党执政的基本原则，党的十一届三中全会后，如何处理党政关系、党纪与国法关系成为关系国家建设和发展的重大课题。邓小平将党政职能与国家职能二者关系的改革作为政治体制改革的关键点，指出党政职能应该与国家职能分开，避免党政不分，以党代政。他指出："改革的内容，首先是党政要分开，解决党如何善于领导的问题。这是关键，要放在第一位。"① 在党的十一届三中全会上，中国共产党明确提出了党的领导主要是政治领导，提出"划清党组织和国家政权的职能，理顺党组织与人民代表大会、政府、司法机关、群众团体、企事业单位和其他各种社会组织之间的关系，做到各司其职，并且逐步走向制度化"。② 党的十二大确立了党的活动要在宪法和法律范围内进行的重要原则，这是党的历史和中国特色社会主义制度发展史上的一项重要决定。1982年的宪法规定："一切国家机关和武装力量、各政党和各社会团体、各企业事业组织都必须遵守宪法和法律，任何组织或者个人都不得有超越宪法和法律的特权，一切违反宪法和法律的行为必须予以追究。"③ 党政关系、党纪与国法的关系在理论和制度架构上初步得到了确认。另外废除了领导干部终身制，逐步改革党和国家干部人事制度。党的十一届三中全会以来，针对实际上存在的领导干部终身制的问题，设立了中顾委这种过渡性的组织形式，在发挥老干部经验丰富的社会主义建设作用的同时推动实现干部新老交替，逐步过渡到政治上可靠的年轻干部站在工作第一线、老干部离休和退居二线的工作制度。这些新的组织形式

---

① 《邓小平文选》第3卷，人民出版社，1993，第177页。
② 《改革开放三十年重要文献选编》（上），人民出版社，2008，第490页。
③ 《十七大以来重要文献选编》（下），中央文献出版社，2013，第301页。

和新制度既发挥了老干部作为"中央委员会的政治上的助手和参谋"①的作用，又为实现干部新老交替创造了条件。党的十三大，强调建立各级干部分类管理体制、建立国家公务员制度的基本思路，到了20世纪90年代，国家机关工作人员录用制度逐渐完善，逐渐形成了公务员考试录用制度。

第二，恢复完善人民代表大会制度、共产党领导的多党合作和政治协商制度、民族区域自治制度，建立基层群众自治制度的基础，创造性地提出了"一国两制"的科学构想。在"文化大革命"期间，人民代表大会、政协和各民主党派等国家机关和组织遭受到了严重的破坏，"文化大革命"结束后，确立广大人民群众对社会主义的信任，成为摆在我们党面前的重要现实问题。自1978年五届全国人大一次会议以来，人民代表大会制度不断恢复并不断得到完善。1979年确定了县以上各级人大设立常委会的原则。在"文化大革命"期间，广大民主党派机关受到冲击，部分民主党派人士受到不公正待遇。党的十一届三中全会后，逐步开展了拨乱反正的工作，为大批民主党派人士正名。党的十二大，邓小平提出处理中国共产党与各民主党派之间关系"长期共存、互相监督、肝胆相照、荣辱与共"的新方针，极大地促进了各党派之间的团结与合作。1987年，党领导下的多党合作和政治协商制度作为我国的基本政治制度被写入党的十三大报告。两年后，党中央制定了《关于坚持和完善中国共产党领导的多党合作和政治协商制度的意见》，以党的正式文件的形式把这一制度确定下来。从此，各民主党派以"参政党"身份参与到国家政治生活中来，积极为党和国家的政治活动建言献策。在基层民主建设方面，这一历史时期也获得了比较

---

① 《邓小平文选》第3卷，人民出版社，1993，第6页。

大的发展。1982年的宪法取消了人民公社体制，提出在城市组建居民委员会、在农村组建村民委员会等基层群众自治组织，规定了我国基层民主的基本形式。1983年，中央正式下发了《关于实行政社分开，建立乡政府的通知》，以乡（镇）政府作为基层政权组织，建立群众性自治组织的村民委员会。1987年和1989年，我国先后颁布了《村民委员会组织法（试行）》和《居民委员会组织法》，为村民委员会和居民委员会的发展提供了法律上的支撑。1986年，职工代表大会作为广大职工参与企业管理的民主形式，也在法律上得以确立，由此，基层群众自治制度的形式更加多样。"一国两制"是我们党根据具体实际为解决国家统一问题而提出的制度构想，是中国特色社会主义制度的一部分。邓小平曾说："我们的社会主义制度是有中国特色的社会主义制度，这个特色，很重要的一个内容就是对香港、澳门、台湾问题的处理，就是'一国两制'。"[①] 1982年，将在香港、澳门和台湾实现"一国两制"写入了新宪法，并规定在上述地区回归祖国（统一）后设立特别行政区。邓小平对特别行政区这一制度专门做了阐释："我们的政策是实行'一个国家，两种制度'，具体说，就是在中华人民共和国内，十亿人口的大陆实行社会主义制度，香港、台湾实行资本主义制度。"[②] 1990年随着《香港特别行政区基本法》的颁布，"一国两制"迈出了由政策到制度、由制度到实践的关键一步。"一国两制"将资本主义和社会主义两种制度结合在一个国家范围之内，"由居执政地位和领导地位的中国共产党主动提出在小地区和小范围内长期保持资本主义制度及其相对应的政权组织形式，从而形成一个统一的国家内部有

---

① 《邓小平文选》第3卷，人民出版社，1993，第218页。
② 《邓小平文选》第3卷，人民出版社，1993，第58页。

两个性质不同的制度长期并存的局面"。① 这是中华民族统一史和中国特色社会主义制度建设方面的一个重要创新,是对马克思主义国家建设理论和实践的重大发展。

第三,完善了我国的基本经济制度,逐步开创了社会主义市场经济体制。1956年底,三大改造基本完成,随即建立了高度集中的计划经济体制。这一经济模式在新中国成立初期,对恢复国家经济、促进经济发展起到了非常重要的作用。随着社会生产力的极大提升,经济状况不断改善,高度集中的计划经济体制弊端开始显现,逐渐变成经济发展的障碍。党的十一届三中全会前,党中央就在小范围内对经济体制进行了调整,取得了一定的效果。党的十一届三中全会后,党中央对社会主义制度和经济运行规律有了更深刻的认识,开始逐步对原来的经济体制进行改革。农村土地政策的调整和企业搞承包制、责任制的探索和实践,为党在理论创新和制度创新方面提供了实践经验。1981年通过的《关于建国以来党的若干历史问题的决议》(以下简称《决议》)中强调:"社会主义生产关系的发展并不存在一套固定的模式,我们的任务是要根据我国生产力发展的要求,在每一个阶段上创造出与之相适应和便于继续前进的生产关系的具体形式。"②《决议》表明党中央已经认识到了我国的社会主义建设必须依据我国的具体实际,以实事求是的态度制定相关的政策措施。党的十二届三中全会创新性地提出"社会主义经济是公有制基础上有计划商品经济"的论断,虽然在理论上并不彻底,但是"超越了建国以来我国实行高度集中的计划经济体制的理论和模式,确立了一个以公有制为基础的、以国家所有权和企业

---

① 龚育之、石仲泉:《邓小平"一国两制"论的由来和意义》,《中国特色社会主义研究》1995年第4期。
② 《三中全会以来重要文献选编》(下),人民出版社,1982,第841页。

经营权适当分离的、在总体上实行指导性计划的有计划商品经济的理论和模式"。① 随着经济体制改革的全面推进,在我国经济领域出现了新旧体制并存的局面。这虽然是经济体制改革的必经阶段,但是在一定程度上引起了摩擦,导致了一定程度的市场混乱。基于此,党的十三大加快和进一步深化了经济体制改革的任务,并对改革的方式和原则进行了新的概括。随后,七届全国人大一次会议通过的《中华人民共和国宪法修正案》,从法律上确立了私营经济在国家经济制度中的合法地位。1992年,基于国内对社会主义经济的争论,邓小平发表了著名的南方谈话。在谈话中,邓小平指出:"计划多一点还是市场多一点,不是社会主义与资本主义的本质区别","计划和市场都是经济手段"。② 从而厘清了市场和计划的关系,从理论上将计划与市场从社会性质范畴中分离出来,明确了市场与计划只是手段与社会性质无关,从而极大地解放了思想,为经济体制改革提供了思想基础和理论基础。在继承这一思想的前提下,江泽民进一步提出了"社会主义市场经济体制"这一新的内涵形式,在党的十四大召开时,中国经济体制改革的目标与路径已经基本明确。

第四,社会主义法制建设取得新进展,为建立健全的社会主义法律体系提供了保障。在"文化大革命"期间,国家的法制建设遭受严重破坏,公检法机关的正常秩序都不能开展,给国家造成了严重的损失。基于此,自"文化大革命"后,党的领导人对国家法制建设及法制在国家政治生活中的重要地位给予了高度的重视。邓小平强调:"必须使民主制度化、法律化,使这种制度和法律不因领

---

① 《三中全会以来重大决策的形成和发展》,中央文献出版社,1998,第146页。
② 《邓小平文选》第3卷,人民出版社,1993,第373页。

导人的改变而改变，不因领导人看法和注意力的改变而改变。""国家和企业、企业和企业、企业和个人等等之间的关系，也要用法律的形式来确定。"① 叶剑英也说："必须进一步健全党的纪律和社会主义法制，切实保障全体党员和全体公民的民主权利"。② 党的十一届三中全会后，全国人民代表大会及其常务委员会在的"有法可依，有法必依，执法必严，违法必究"的建设方针指导下，积极开展了各项立法工作。在随后的几年里，先后通过了《全国人民代表大会和地方各级人民代表大会选举法》、《地方各级人民代表大会和地方各级人民政府组织法》、《人民法院组织法》、《人民检察院组织法》、《刑法》、《刑事诉讼法》和《中外合资经营企业法》等重要法律，初步解决了"文化大革命"结束后我国法制建设方面重要法律缺失的问题，对当时面临的最紧迫的社会关系做出了规定，解决了人民群众在某些方面的困扰。1982年，宪法修改委员会经过两年多的努力，在多次修改和征求广泛意见的基础上，五届全国人大五次会议通过了现行《宪法》，标志着我国的法制建设取得了阶段性的成果，为以后我国各项法律的制定颁布提供了参考。1978～1992年是立法工作取得较大发展的时期，一方面是因为"文化大革命"十年的影响，另一方面是因为改革开放以后，政治经济领域发生重大变化，所以需要法律体系不断更新。这一时期先后颁布并修改了包括一系列涉及国家机构的法律、民法通则和一系列单行民事法律、刑法和诉讼法，以及一批经济方面的、保障公民权利的、涉外方面的、行政管理方面在内的重要法律，为中国特色社会主义法律体系的形成奠定了基础。这一时期，作为现代法律体系重要组

---

① 《三中全会以来重要文献选编》（上），人民出版社，1982，第26页。
② 《改革开放三十年重要文献选编》（上），人民出版社，2008，第69页。

成部分的律师制度也有了较快的发展,我国第一部规范律师职业规范和组织的相关法规《律师暂行条例》在1980年通过。

在这一时期,社会制度建设以修复为主要目标。首先是恢复了在"文化大革命"中遭受破坏的一系列制度体制,同时,在恢复的基础上对不适合社会发展的制度部分逐步开始修正。恢复性建设和修正性改革是相互联系、不可分割的,二者都属于中国特色社会主义制度的创新实践。虽然刚开始制度建设的动因是对新中国成立以来特别是"文化大革命"以来教训的反思,但是由于制度探索的不断发展是紧紧围绕着当时社会关系的发展变化而展开的,所以党的制度探索不仅仅是为了解决制度的缺陷,还有突出中国特色社会主义制度的比较优势的目的。因此,这一阶段的制度探索不仅是恢复"文化大革命"之前的体制,还蕴含改革和发展的基本态势。在新中国成立后形成的社会制度的基础上,组成了中国特色社会主义制度的基本框架和基本内容。此时,党中央对社会制度的探索基本上还处于初步转型阶段,中国特色社会主义制度的显著优势还没有完全展现。以邓小平为核心的党的第二代中央领导集体对中国制度的探索提出了很多宝贵的意见,但这些建议基本上还处于理论阶段,并没有实现由理论到实践的突破。但从总体上来说,这一阶段的制度探索为中国特色社会主义制度的形成和发展奠定了坚实的基础。

2. 中国特色社会主义制度体系初步确立

党的十五大以后,我国的基本政治制度和经济制度基本建成,尤其是高度自治的特别行政区制度在香港和澳门的成功实施,丰富和完善了中国特色社会主义制度建设,同时,在坚持落实各项基本制度的基础上,一系列具体体制机制也在相互作用中进行调整改善,逐步适应新时期改革与发展的实践需要。此外,社会主义法律体系建设也取得突破性进展,基本建成了以宪法为核心的完备的法律体系。至党的十六大召开前，我国初步形成了中国特色社会主义制度体系。

第一，中国特色社会主义经济制度逐步完善，初步建立了社会主义市场经济体系。在社会主义条件下，建立什么样的所有制结构，实行什么样的经济体制是经济建设的一项重大理论和实践问题。党的十四大以后，党中央继承和发展了党的十一届三中全会以来在所有制结构改革方面取得的理论成果，更加坚定了公有制的主体地位，同时也允许非公经济形式的存在和发展。在这个时期内，非公经济形式得到了巨大的发展，市场调节成为资源配置不可或缺的手段，制度创新成为促进经济发展的迫切需求。所以，在党的十五大报告中强调："公有制为主体、多种所有制经济共同发展，是我国社会主义初级阶段的一项基本经济制度"，"非公有制经济是我国社会主义市场经济的重要组成部分"。[①] 非公所有制的发展促进了生产力的发展，促进了社会主义市场经济的发展。党的十六大从完善社会主义市场经济体制出发，提出坚持和完善基本经济制度的三项原则："第一，必须毫不动摇地巩固和发展公有制经济。发展壮大国有经济，国有经济控制国民经济命脉，对于发挥社会主义制度的优越性，增强我国的经济实力、国防实力和民族凝聚力，具有关键性作用。集体经济是公有制经济的重要组成部分，对实现共同富裕具有重要作用。第二，必须毫不动摇地鼓励、支持和引导非公有制经济发展。个体、私营等各种形式的非公有制经济是社会主义市场经济的重要组成部分，对充分调动社会各方面的积极性、加快生产力发展具有重要作用。第三，在坚持以公有制为主体，促进非公有制经济发展，统一于社会主义现代化建设的进程中，不能把这两

---

① 《十五大以来重要文献选编》（上），人民出版社，2000，第685页。

者对立起来。"① 改革开放以来，党对所有制的阐述，由"必要补充"到"基本方针"，再明确为"基本经济制度"，进而强调"坚持和完善"，这是党在长期的社会主义建设实践，特别是在改革开放以来的伟大实践中，对社会主义所有制理论的创新，同时也丰富了中国特色社会主义经济制度的内涵。

经济制度在经济建设中有着根本性、全局性的作用，基本经济制度确立后，选择什么样的经济体制成为核心的问题。江泽民强调："我国经济体制改革确定什么样的目标模式，是关系整个社会主义现代化建设全局的一个重大问题。这个问题的核心，是正确认识和处理计划与市场的关系。"② 党的十四大在充分研究社会经济发展规律，特别是社会主义经济发展规律的基础上，提出了建立"社会主义市场经济体制"的改革目标，并且认为"社会主义市场经济体制是同社会主义基本制度结合在一起的"。③ 对此，江泽民有一段经典的论述："我们搞的是社会主义市场经济，'社会主义'这几个字是不能没有的，这并非多余，并非'画蛇添足'，而恰恰相反，这是'画龙点睛'。所谓'点睛'，就是点明我们市场经济的性质。"④ 市场是一种资源调控方式，并不具有制度属性，但是作为一种经济体制，会受到基本经济制度的制约。我国的市场经济体制和社会主义结合在一起，决定了它除了具有一般的资源调控职能外，还承载了社会主义的价值观。1993年，党的十四届三中全会通过的《关于建立社会主义市场经济体制若干问题的决定》系统阐述了建立社会主义市场经济体制的基本框架和战略部署。党的十五大以

---

① 《十六大以来重要文献选编》（上），中央文献出版社，2005，第19页。
② 《十四大以来重要文献选编》（上），人民出版社，1996，第17~18页。
③ 《改革开放三十年重要文献选编》（上），人民出版社，2008，第825页。
④ 《江泽民论有中国特色社会主义》（专题选编），中央文献出版社，2002，第69页。

后，以国有企业改革为中心的各项改革进一步深化。经过20世纪90年代的不断深化改革，到2000年，基本建立了社会主义市场经济体制。

第二，政治体制改革稳步推进，民主政治制度建设取得重大成果。"文化大革命"结束后，我们党就开展了一系列的政治体制改革，但在20世纪80年代，种种原因使改革遭受了巨大的损失。基于这一时期的经验和教训，党的十四大，对未来政治体制改革问题进行了重要讨论并做出重要论断，一是创造性地提出了"人民民主是社会主义的本质属性和内在要求"，二是着重强调"我们的政治体制改革，目标是建设有中国特色的社会主义民主政治，绝不是搞西方的多党制和议会制"。[①] 党的十四大确定了未来政治体制改革的目标，同时又提出了政治体制改革的方向，指出社会主义和资本主义在实现民主的形式上是有根本差别的，坚决避免在政治体制改革上出现根本性的错误。关于通过什么方法、采取什么步骤来落实政治体制改革的方针政策问题，这期间基本围绕坚持民主集中制和依法治国的原则和方略进行，这一时期民主政治制度建设稳步前进。

一是积极贯彻社会主义民主集中制基本原则，健全各级人民代表大会代表的选举制度，完善人大代表对各级国家政府机关及其工作人员的监督制度，颁布实施了《全国人民代表大会和地方各级人民代表大会代表法》和《关于加强对法律实施情况检查监督的若干规定》。党的十五大以后，人民代表大会制度在改革开放和社会主义现代化建设的实践中有了进一步发展。二是完善各项民主政治制度，包括中国共产党领导的多党合作和政治协商制度、基层群众自治制度，确立了民族区域自治制度，并依照特别行政区基本法，建

---

[①] 《改革开放三十年重要文献选编》（上），人民出版社，2008，第665页。

立了香港、澳门特别行政区。1993年，全国政协审议通过了《政协全国委员会关于政治协商、民主监督、参政议政的规定》，对政治协商会议履行职能的形式、内容和步骤做出具体规定。这一时期，基层民主建设也有了较大的发展，1998年《村民委员会组织法》颁布实施，将村民自治进一步以法律形式规定。《澳门特别行政区基本法》在全国人大的通过，为澳门的回归提供了法律依据。1997年7月1日我国恢复对香港行使主权，1999年12月20日我国恢复对澳门行使主权，香港、澳门的回归，标志着"一国两制"的方针政策以及高度自治的特别行政区制度由理论设想变为具体现实。三是全面落实国家机关行政改革，铲除政企不分的组织基础，稳步推进政府管理体系建设。进入20世纪90年代，政府机构设置和市场经济发展不相适应的情况逐步凸显，为改善这种情况，中央政府先后在1998年、1999年和2000年进行了三次国家机构改革，经过相对彻底的改革之后，逐渐改变了计划经济体制下形成的政府体制，初步形成了适应经济社会发展的政府管理体系。

第三，确立依法治国的基本方略，逐步建立以宪法为核心的完备的法律体系。"文化大革命"结束后，党和国家制定了一系列的法律，但是随着改革开放的不断深入，经济和社会领域出现了一系列的新的情况和问题，要求建立完备的法律体系，法制建设逐步提上日程。党的十四大要求到2000年以前基本形成能满足市场经济发展要求的法律体系，以保障经济体制的顺利推进。党的十五大又提出，要在2010年以前建成完备的法律体系。全国人大及其常委会根据十四大、十五大的精神，围绕建立和完善社会主义市场经济体制的要求，制定了涵盖方方面面的法律，基本上实现了经济领域的有法可依。在1993年和1995年，全国人民代表大会还对宪法的部分条款进行了修订，对我国社会主义初级阶段的基本经济制度和分配制度做了新的修订。到 2000 年 11 月，"从构成有中国特色社会主义法律体系的各个法律部门看，宪法和宪法相关法、民商法、行政法、经济法、社会法、刑法、诉讼与非诉讼程序法等七个法律部门都有一批基本的、主要的法律出台，并且有相应的行政法规和地方性法规与之配套。从总体上看，我国在政治生活、经济生活、社会生活等主要方面已基本有法可依，以宪法为核心的有中国特色社会主义法律体系的框架已经形成，为建立有中国特色社会主义法律体系奠定了坚实的基础"。[1]

日趋完备的法律体系和日渐成熟的民主政治制度，以及日益深入人心的市场经济改革，为依法治国方略的提出奠定了基础。党的十五大提出要把"依法治国"作为党领导人民治理国家的基本方针，以"保证国家各项工作都依法进行，逐步实现社会主义民主的制度化、法律化，使这种制度和法律不因领导人的改变而改变，不因领导人注意力的改变而改变"。[2] 依法治国的方略，可以使党的意志同广大人民群众的意愿结合起来，实现决策的科学性和社会发展的稳定性。1999 年通过的宪法修正案，以宪法的形式把"依法治国"基本原则确立下来。此外，中央还进一步提出了"依法行政"的科学理念，对各级国家机关及其工作人员的行为做了进一步的要求，指出依法治国"最基本的要求就是要依法行政、依法办事"。[3] 从法制到"法治"，一字之差，体现了党治国理政理念的重大调整，标志着我国民主法制建设和政治体制改革目标的巨大变化。

同时，文化体制改革也在这一时期提上了日程。1980 年全国文化局局长会议提出要有步骤地推进文化体制改革，标志着文化

---

[1] 《十五大以来重要文献选编》（中），人民出版社，2001，第 1427 页。
[2] 《十五大以来重要文献选编》（上），人民出版社，2000，第 31 页。
[3] 《十五大以来重要文献选编》（中），人民出版社，2001，第 900 页。

体制改革拉开了序幕。随着经济体制改革的不断深化，文化市场的发展和地位逐渐得到了承认。党的十四大以来文化体制方面的改革持续推进，党的十五届五中全会首次提出了文化产业的概念，厘清了文化的事业属性与产业属性，肯定了文化产业的地位和作用，极大地促进了文化产业的发展。另外积极学习和总结政治、经济、社会等其他方面体制改革的经验教训，以指导和促进文化体制的改革。

从党的十四大到党的十六大，为适应社会主义市场经济体制发展，制度建设处于体系化的建设时期，主要任务就是建立以社会主义市场经济制度为基础的政治制度、法律制度和其他具体制度。一般而言，制度是由根本制度、基本制度和具体制度等构成的具有内在逻辑体系的统一整体。中国特色社会主义的根本制度、基本制度和具体制度，这些不同层面的制度是相互联系、相互贯通的。根本制度是事关社会主义性质的层面，要毫不动摇地坚持社会主义的根本制度，要在坚持和巩固根本制度的前提下，全面推进基本制度和具体制度的建设和改革。要正确认识和把握中国特色社会主义制度的三个层面的内在逻辑关系，积极稳妥地推进制度建设。党的十四大以来，我国的制度建设在领域上呈现从经济和政治领域向其他领域延伸的趋势，我国的制度建设涉及面相对较广，形成了包括文化、社会、教育等在内的多方面、全方位、宽领域的制度探索。此外，制度建设在层次上呈现多层次、系统化的特点，形成了由根本制度、基本制度深入各项体制和基本制度的建设模式。因此，这一阶段的制度建设不再仅仅局限于某一领域或某一层面展开，而是从多个层面、多个角度展开，具有一定的系统性和整体性。这一时期的制度建设还是初步阶段，还需要在各个领域和各个层面贯通和衔接。

3. 中国特色社会主义制度的完善

党的十六大以来，全党、全国上下都在围绕实现全面建设小康社会的目标，在中国共产党的领导下，全面深化对各项制度体制的改革，在制度建设方面取得了重大成果。党的十七大，对中国特色社会主义制度的基本要求从政治、经济、文化、社会四个方面进行了详细的阐述，丰富和发展了新时期制度建设的基本思路。2011年，胡锦涛在"七一"讲话中，首次提出了"中国特色社会主义制度"的科学概念，并对中国特色社会主义制度的内涵、特点和优势进行了深入解释。2012年，党的十八大对中国特色社会主义制度与中国特色社会主义道路和理论体系的基本关系进行了详细阐述，指出全党要坚定中国特色社会主义制度自信，标志着中国特色社会主义制度基本形成。

第一，中国特色社会主义经济体制逐渐成熟，基本经济制度更加完备。从党的十一届三中全会的探索到20世纪90年代的确立，我国的社会主义经济体制逐步成熟，到20世纪末，我国基本上建立了社会主义市场经济体制。基于此，党的十六届三中全会在坚持完善社会主义市场经济体制的战略部署的基础上，对未来市场经济体制的改革提出了明确的目标和任务。党的十七大进一步提出了健全社会主义市场经济体制要取得新的成绩，特别指出要充分重视市场在资源配置中的作用，建立科学发展的宏观调控体系和统一开放、竞争有序的现代市场体系。党的十八大对社会主义市场经济体制建设方法作了具体的要求，强调要从完善市场秩序和加强法律建设等方面进行社会主义市场体系建设。党的历次代表大会新目标新任务的提出，标志着党对社会主义市场经济建设认识的深化，也标志着社会主义市场经济体制正在走向成熟和完善。

我国基本经济制度的发展完善与社会主义市场经济体制的发展

是相互促进、共同推进的。党的十六大指出要健全社会主义市场经济体制，明确了健全社会主义基本经济制度的主要任务和基本原则。党的十七大重申了党在新时期的基本经济制度，创新性地提出了"坚持平等保护物权，形成各种所有制经济平等竞争、相互促进新格局"。[①] 2007年3月，颁布了《物权法》，国家基本经济制度作为基本原则被写入《物权法》，指出市场主体在市场经济条件下，必须坚持平等原则和物权平等保护原则。《物权法》的颁布，标志着我国物权制度基本成熟，表明了经济领域的一系列改革政策在法律和实践上得到了肯定，反映了社会主义基本经济制度在改革开放的实践中得以不断建立和完善。

第二，社会主义民主政治进一步发展，各项民主制度进一步健全完善。人民民主是社会主义民主政治的核心。"人民民主是社会主义的生命。发展社会主义民主政治是我们党始终不渝的奋斗目标。"[②] 实现社会主义民主政治的任务，不仅要建立人民民主专政的国体，更要健全社会主义的各项政治制度，以完备的政治制度来保障最广大人民群众当家做主的权利。党的十六大以来，围绕发展民主政治、实现人民民主的主题，党中央领导集体要求稳步推进政治体制改革，实现了对政治制度的创新和发展。党的十七大根据人民代表大会的职能构成以及当时的实际情况，指出了健全人民代表大会制度的措施，要求"支持人民代表大会依法履行职能"，"逐步实行城乡按相同人口比例选举人大代表"。[③] 十一届全国人大三次会议通过的新选举法，对人大代表的选举制度进行了新的完善，规定全国人民代表大会和地方各级人民代表大会代表名额要"按照每一

---

① 《十七大以来重要文献选编》（上），中央文献出版社，2009，第20页。
② 《十七大以来重要文献选编》（上），中央文献出版社，2009，第22页。
③ 《十七大以来重要文献选编》（上），中央文献出版社，2009，第678页。

代表所代表的城乡人口数相同的原则，以及保证各地区、各民族、各方面都有适当数量代表的要求进行分配"。[①] 这一规定的出台保证了城乡居民在人大代表的选举中有着相同的选举权，保障了人民当家做主的权利，是完善选举制度的重要过程。

进一步发挥党内监督的制度优势。党的领导地位直接决定和影响着决策机制、行政管理体制、司法体制等一系列改革的深化和各项制度体制建设的结果。因此，党的领导是发展社会主义民主政治的根本保证，加强和改进党的领导方式和领导水平对完善当前我国社会主义民主政治建设具有全局性和根本性的作用。西方"三权分立"的制度设计并没有解决权力滥用、官员腐败等问题。中国政党制度的自信不仅在于中国共产党有总揽全局协调各方的能力，还在于党内监督破解了执政党如何实现自我监督的制度困局，中国共产党不断发展壮大，从革命党成为长期执政的党，逐渐形成并开辟出以惩前毖后、治病救人为主要方针，包括巡视监督、群众监督、舆论监督、群众监督等多种方式，以批评与自我批评为有力武器构建党内党外结合、上级下级贯通、部门之间联动的监督体系，这一制度安排不断净化党内政治生态、更新党内政治生活面貌，着眼于始终保持党的先进性、纯洁性，提高党的战斗力、向心力，突出解决在新起点上党应对和进行具有许多新的历史特点的伟大斗争时面对的矛盾和问题。在此基础上，加强人民政协的制度建设。党中央先后颁布了《关于进一步加强中国共产党领导的多党合作和政治协商制度建设的意见》《关于加强人民政协工作的意见》《关于新形势下党内政治生活的若干准则》《中国共产党党内监督条例》等重要

---

[①] 全国人大常委会办公厅研究室编《中国特色社会主义法律体系形成大事记》（1978~2010），中国民主法制出版社，2011，第279页。

文件，总结了我国政党制度的主要特点，充分体现了为新时期推进伟大事业、发展社会主义民主的新要求。近年来，在"按照党总揽全局、协调各方的原则，规范党委与人大、政府、政协以及人民团体的关系"① 基本原则的要求下，不断建立健全相关的制度。

第三，依法治国基本方略得到全面落实，完备的法律体系基本形成。依法治国的基本方略是社会主义民主政治的一个重要特点，是指依照体现人民意志和社会发展规律的法律治理国家。依法治国要求国家在政治、经济、文化、社会等各方面的活动必须依照法律进行，而不受任何个人的干预。党的十七大强调："依法治国是社会主义民主政治的基本要求"。② 党的十六大以来，中国共产党坚决实施依法治国方略，并取得了一系列成效，概括起来主要体现在以下两个方面。

一是基本建立了完备的法律体系。为了适应经济社会发展需要，促进经济社会和谐发展，党的十六大强调："加强立法工作，提高立法质量，到二〇一〇年形成中国特色社会主义法律体系"。③ 在此基础上，立法部门制订了立法工作的五年规划。据统计五年中，十届人大及其常委会共审议相关法律文件106件，通过了其中的100件。构成中国特色社会主义法律体系的各个法律部门已经齐全，各个法律部门中基本的、主要的法律及配套规定已经制定出来。④ 到2007年，"中国特色社会主义法律体系基本形成"，⑤ 涉及国家政治、经济、文化、社会各个领域，具备涵盖了社会的方方面

---

① 《十六大以来重要文献选编》（上），中央文献出版社，2005，第26页。
② 《十七大以来重要文献选编》（上），中央文献出版社，2009，第24页。
③ 《十六大以来重要文献选编》（上），中央文献出版社，2005，第233页。
④ 参见《全国人民代表大会常务委员会工作报告——2008年3月8日在第十一届全国人民代表大会第一次会议上》，《人民日报》2008年3月9日。
⑤ 《十七大以来重要文献选编》（上），中央文献出版社，2009，第3页。

面，基本实现社会各领域有法可依。

二是各级政府基本落实了依法行政的要求。2003年，颁布《中华人民共和国行政许可法》，这是又一部规范政府行为的重要文件，这部法律法规的落实，对于保障公民的合法权益、约束政府机关行为具有极为重要的意义。为进一步规范政府行为，提高政府机关依法行政能力，国务院于2004年颁布了《全面推进依法行政实施纲要》（以下简称《纲要》），强调经过十年的努力完成基本建成法治政府的任务。《纲要》的颁布实施，为全面推进依法行政基本方略提供了法律法规方面的依据。2007年，国务院对截止到2006年底的655件现行行政法规进行了全面清理，废止了一些主要内容被新的行政法规覆盖的法规，对适用对象已经消除的行政法规宣布失效。这次行政法规的清理，进一步厘清了行政法规的适用对象，有利于维护全国法制统一和政令畅通，对加快法制建设、全面推进依法行政具有重要意义。

第四，文化体制改革不断深入，文化体系建设取得丰硕成果。党的十六大以来，文化体制方面的改革不断深入，由个别试点走向全面推进，取得明显效果：一是明确了文化事业与文化产业的区分，确立了公益性文化事业与经营性文化产业协调发展的方向，不断完善文化领域的管理体制，排除了文化体制改革过程中的最大障碍；二是在国有文化事业改革方面取得新突破，在确保国有文化作为市场主体地位的条件下，降低文化市场准入门槛，允许不同所有制的资本进入文化事业和文化产业，初步形成"以公有制为主体、多种所有制共同发展的文化产业格局"；[①] 三是转变政府职能，鼓励文化事业的繁荣发展，积极深化公共文化服务机制的改革，倡导建

---

[①] 《十六大以来重要文献选编》（上），中央文献出版社，2005，第347页。

立以政府为主导、以公益性文化单位为骨干、鼓励全社会积极参与、覆盖城乡的公共文化服务体系；四是对文化体制改革的认识和把握的层次获得了提升，从以前的提出实现文化强国战略拓展到文化软实力的层次。从增强文化软实力的角度出发，探索了一些关于发展和繁荣文化产业的具体思路与对策。

这一时期，制度建设处于进一步健全和完善阶段。经过两个阶段的建设，中国特色社会主义制度体系初步形成，这为中国特色社会主义制度发挥比较优势创造了条件。党的十六大报告全面总结了十三届四中全会以来各项改革的经验教训，报告指出："改革要从实际出发，整体推进，重点突破，循序渐进，注重制度建设和创新"，[①] 改革不能忽视理论的指导意义，要"通过理论创新推动制度创新"。[②] 在报告的指引下，党的十六大以来，国家高度重视制度体系的建设，通过政治体制改革，解决制度与制度之间的冲突与矛盾，重视制度体系内各部分的整体推进；另外，加强对制度细节方面的改善，提升制度的有效性，确保制度、理论、价值的一致性，推动制度从理论向实践方向的转变。在新阶段，社会面临一系列纷繁复杂的管理问题，针对这种情况，党中央坚持问题导向，提出了建设社会主义和谐社会的历史任务。将改善人民生活作为首要任务，加快推进各领域的综合性社会体制改革，既在制度体系建设方面形成互动，又在实践中较好地解决了社会管理问题。

4. 中国特色社会主义制度的未来发展方向

党的十八大以来，以习近平同志为核心的党中央面对新形势、新问题，提出了全面深化改革的伟大构想并将之付诸实践。2013年

---

[①] 《十六大以来重要文献选编》（上），中央文献出版社，2005，第6页。
[②] 《十六大以来重要文献选编》（下），中央文献出版社，2008，第108页。

11月，在十八届三中全会上党中央正式提出了全面深化改革的构想，全会通过了《中共中央关于全面深化改革若干重大问题的决定》（以下简称《决定》）。《决定》成为新形势下全面深化改革的纲领性文件，标志着从1978年开始中国改革开放进入新阶段。关于改革，习近平总书记曾指出："中国改革经过30多年，已进入深水区，可以说，容易的、皆大欢喜的改革已经完成了，好吃的肉都吃掉了，剩下的都是难啃的硬骨头。"[1] 党的十八届三中全会对全面深化改革做出了总部署、总动员，指出把坚持和完善中国特色社会主义制度、推进国家治理体系和治理能力现代化作为全面深化改革的总目标。国家治理体系和治理能力是一个国家的制度及其执行能力的集中体现。在这一阶段，国家制度建设的成就主要体现在以下几个方面。

一是继续深化改革，促进社会主义经济体制的完善与发展。新一届中央领导集体面对复杂的国际国内形势，对我国社会主义经济体系建设提出了一系列的新观点，如供给侧改革、新常态等。以五大发展理念为指导，以供给侧改革为重点，切实有效地保障了我国经济发展的稳定。党的十八届三中全会强调："紧紧围绕使市场在资源配置中起决定性作用深化经济体制改革，坚持和完善基本经济制度，加快完善现代市场体系、宏观调控体系、开放型经济体系，加快转变经济发展方式，加快建设创新型国家，推动经济更有效率、更加公平、更可持续发展"。党的十八大以来，围绕市场经济体制改革，党中央采取了一系列的改革措施如财税体制改革等，进一步释放了市场的活力，促进了经济的健康快速发展。

二是坚持和完善社会主义民主政治，全面推进政治体制改革。人民民主是我们党必须坚持的方向，社会主义政治文明是我们党始

---

[1] 《习近平谈治国理政》，外文出版社，2014，第101页。

终不渝的追求。正如习近平总书记在全国人民代表大会成立60周年庆祝大会上所强调的："人民民主是社会主义的生命。没有民主就没有社会主义，就没有社会主义的现代化，就没有中华民族伟大复兴。"[①] "保证和支持人民当家做主不是一句口号、不是一句空话，必须落实到国家政治生活和社会生活之中。"[②] 习近平总书记对中国特色社会主义制度的创新和发展主要体现在以下七个方面：完善人民代表大会制度，保障人民当家做主的权力，完善社会主义协商民主制度，健全基层民主制度、落实依法治国方略，深化行政体制改革，建立健全权力运行和监督制约机制，深化干部人事制度改革。党的十八大以来，各项政治体制改革稳步推进，全面从严治党卓有成效，充分体现了以习近平同志为核心的党中央领导集体的治国智慧与担当。

三是全面推进依法治国，进一步完善中国特色社会主义法律体系。依法治国是中国共产党治理国家的一项基本方略，党的十八大以来，中国共产党在依法治国方面迈出了坚实的步伐。2013年，党的十八届三中全会强调，"建设法治中国，必须坚持依法治国、依法执政、依法行政共同推进，坚持法治国家、法治政府、法治社会一体建设"。[③] 这是党的历史上首次强调法治国家、法治政府、法治社会三位一体建设，体现了中国共产党对依法治国路径认识的不断深化。2014年，党的十八届四中全会以依法治国为题，审议通过了《中共中央关于全面推进依法治国若干重大问题的决定》。2016年3月，《慈善法》草案审议通过，2016年9月1日正式实施，标志着

---

① 习近平：《在庆祝全国人民代表大会成立60周年大会上的讲话》，人民出版社，2014，第7页。

② 习近平：《在庆祝中国人民政治协商会议成立65周年大会上的讲话》，人民出版社，2014，第12页。

③ 《十八大以来重要文献选编》（上），中央文献出版社，2014，第529页。

中国的法律体系更加完善、更加成熟。

四是重视文化建设，注重社会主义核心价值观的倡导。文化是一个民族生存和发展的力量源泉。继承和发展中华文明，弘扬与繁荣中国文化，是实现中华民族伟大复兴中国梦的必然要求。在纪念中国共产党成立95周年大会上，习近平总书记第一次提出了文化自信的含义，并指出"中华民族最有理由自信"。① 关于如何发展社会主义先进文化，习近平总书记着重强调培育和践行社会主义核心价值观，并且从继承和发扬中华民族优秀的传统文化和话语权体系方面进行了一系列的论述。面对纷乱的社会思潮，习近平总书记还提出了社会主义意识形态建设的时代命题。

制度自信在制度探索、制度建设和制度完善中日渐清晰。从制度结构上来看，从根本制度到基本制度再到体制，形成了粗略的结构，但是很多政策、经验并没有及时地上升为制度。从制度的结构形式来看，实体制度较为成熟，相关的监督体制有待完善，导致在实践过程中制度容易出现偏离。从制度领域来看，政治、经济制度较为完善，文化制度却乏善可陈。制度建设重在实践，好的制度如果无法有效地与实践对接，早晚沦为一纸空文，也就更谈不上发挥其优越性了。因此，中国特色社会主义制度建设是一项系统工程，需要长期的坚持和发展，不可能一劳永逸、一成不变，必须根据实践的变化不断创新、与时俱进。我们也相信，在我们党的领导下，中国特色社会主义制度会逐渐完善并走向成熟，正如邓小平所说："我们的制度将一天天完善起来，它将吸收我们可以从世界各国吸收的进步因素，成为世界上最好的制度。"②

---

① 习近平：《在庆祝中国共产党成立95周年大会上的讲话》，《人民日报》2016年7月2日。
② 《邓小平文选》第2卷，人民出版社，1994，第337页。

## 第三节　中国特色社会主义制度自信的文化根基

制度的发展都必须立足于一定的文化环境，中国特色社会主义制度的产生与发展离不开五千年中国传统文化的底蕴。习近平总书记曾强调："中华优秀传统文化积淀着中华民族最深沉的精神追求，包含着中华民族最根本的精神基因，代表着中华民族独特的精神标识，是中华民族生生不息、发展壮大的丰厚滋养。"[①] 中国传统文化中哲学观、价值观、伦理观深深地影响了中国特色社会主义制度的价值取向，中华传统优秀文化是涵养制度自信的沃土，中国特色社会主义制度自信在中国优秀传统文化的积淀中成长，"和谐""统一""民本""通变"等思想在制度自信中闪耀着光芒。中国革命文化与社会主义先进文化中的"独立自主""创新精神"等为制度自信指引方向、提供精神支撑。

### 一　制度自信的文化基因

#### （一）中国传统文化中"天人合一"哲学观

中西文化的差异决定了中西制度的价值观、伦理观的根本不同。在认识人与自然的关系问题上，中西文化也有着显著的不同，中国文化以实现人与自然和谐统一为核心价值理念。中国文化倡导的"和而不同、和谐中道"的理念在全球族裔矛盾、文明冲突日益严重的今天，对解决全球治理的诸多困境亦有借鉴意义。而西方文

---

[①] 《十八大以来重要文献选编》（上），中央文献出版社，2014，第585页。

化更多的是站在人的立场上，从实现人类生存和发展的角度来审视人与自然的关系，突出人对自然的改造与征服。中国文化中蕴含的人与自然和谐相处的价值追求，充分体现在"天人合一"的思想中。中国古代的"天人合一"思想，突出地反映了中国文化追求和谐的价值理念，反映了古人追求"天"与"人"、"人"与"人"、"人"与"社会"和谐统一的愿望。这一思想完整地展示了中国文化对主客体之间以及主观能动性与客观规律之间辩证关系的思考。中国古人倡导的"天人合一"思想，为人们正确处理人与外在世界的关系提供了科学的思想。根据古人的这种思想，人不能违背自然的法则，不能无限地对自然采取粗暴的态度，只能在自然界有限的承受范围内来改造自然，只能在尊重自然法则的前提下来利用自然、调整自然，使之更符合人类的需要，也使自然界的万物都能生长发展。

1. "天人合一"学说在中国的历史发展

中国古代的"天人合一"思想随着历史的发展不断发展，从"天人合一"思想形成和发展的历史来看，大致经历了三个阶段：先秦时期、西汉时期和宋明理学时期，在不同的历史时期，"天人合一"思想有着不同的内涵。

"天人合一"思想最初的发源可以追溯到商代的占卜，殷人将有意志的神看作天地万物的存在，无论遇到什么事情都事先占卜以验证吉凶。西周继承了商代的这种思想，但是进一步地赋予了天命"敬德保民"的道德属性。春秋时期，开始出现了贬天命、重人生的思想，天人关系的重心不再是讲人与有意志的神之间的关系，"天"回归于现实世界。这一转移，在中国古代文化中主要表现为两种不同的"天人合一"观。一种是儒家的，另一种是道家的。二者有着本质的不同，其主要区别在于是否具有道德方面的属性，儒家学说中的"天"蕴含道德,而道家学说中的"天"单指自然,因而不具有道德的含义。儒家思想中的"天人合一"学说发轫于孔子,大成于孟子。孔子认为唯天为大,"天"是道德权威的最终根据。孟子的"天人合一"讲究人性、人心以天为本。老庄的"天人合一"思想又与孔孟不同,"天"无论是指自然而然之道,还是指自然本身,都不具备人伦道德的含义。到了汉代董仲舒,又将"天"赋予了意志、主宰人间吉凶赏罚的属性。因为人的意志要顺应"天","天"与人相感应。从天人感应出发,董仲舒还提出了"性三品"和"三纲"学说。董仲舒的"天人合一"思想,把儒家伦理道德学说打上了人生不平等的烙印,把孔孟伦理思想变成了贵贱主从的人伦关系学说。

宋代的"天人合一"思想继承了孟子的学说,但是又有所发展。这期间主要的代表学派是程朱理学和陆王心学,代表人物主要是张载、程颐、王阳明等。张载认为,人与天地万物一体,"民胞物与",即博爱。程颢认为,"仁者以天地万物为一体",主张凡保有"仁"之天性者,皆能与天地万物密切相关而为一体。程颐则认为,万物的根本是"理","天人合一"即"与理唯一"。陆九渊、王阳明的心学强调理不在心之外,理就是心。作为中国历史上"天人合一"学说的集大成者,王阳明认为人与天地万物一气流通,天地万物"发窍之最精处"是"人心一点灵明",人心就是天地万物之心。王阳明强调"天下之人无外内远近",一定程度上承认"差等之爱",在对待人之爱与对物之爱,在对待至亲之爱与对路人之爱之间都有厚薄之分。

2. 古人"天人合一"思想的现代意义

"天人合一"学说源远流长,是中国古代文化的重要组成部分,对古代文化中的科学、伦理道德等领域,都产生了深远的影响。当今社会，虽然同过去的阶级社会有了根本不同，但对于根植于中华民族血脉之中的传统思想还是有其借鉴意义的。

首先，传统的儒家所讲的"爱人"都是有差别的爱，今天我们应赋予其新内涵。几千年来，孔子的"爱人"学说深深地打上了"差等之爱"的烙印。宋明之际，王阳明"万物一体"皆"仁"的思想，将差等之爱同博爱相结合，极大地发展了"爱人"学说。到今天，我们倡导学习传统的文化道德，就应该弘扬这种"万物一体"皆"仁"的思想。

其次，"万物一体"皆"仁"在今天不仅是指人伦道德，更为重要的是这一思想为我们正确处理人与自然的关系提供了文化基础。"万物一体"不仅是指人与人之间的关系，而且也是人与自然和谐发展的根据。这同西方的一些非人类中心主义明显区分开来。在国外的某些学说中，强调人与万物处于一个完全对等的地位，具有同等价值。相对于西方这些思想来说，王阳明的学说更合情合理，切合实际。

但是，中国传统的"天人合一""万物一体"学说只是为人与自然关系的探索提供了本体论上的依据，并没有为人与自然的和谐发展找到一条具体途径及理论依据。中国传统的"天人合一""万物一体"学说只是探讨人与人之间的关系，而没有将关注点放在更广泛的人与自然的关系上。所以，在论述人与自然关系时，除了要吸收中国传统的"天人合一"学说，还要借鉴西方的"主体—客体"的思维方式。诚然，西方的"主体—客体"的思维方式产生的一个重要原因是现代工业对自然的破坏。正是因为这样，我们才应该注重二者之间的结合，以探讨更有利于人类发展的制度模式。

## （二）中国传统文化中"民本主义"价值观

民为邦本、本固邦宁。"民本"思想是中国人数千年治国理政的一个核心观念，是中国政治最大的共识。我国在推进制度建设、政治文明建设过程中获得的一条重要的经验就是：始终把改善民生作为国家重中之重的工作。

中国传统的"民本主义"思想起源于先秦时期。西周时期，周王朝统治者总结殷商覆亡的教训时，曾指出统治者要"明德慎罚"，"惟不敬厥德"。① 春秋战国时期，诸子百家对"民本主义"进行了各种各样的阐述。道家创始人老子曾说："圣人无常心，以百姓心为心"。② 孔子则对统治者与人民的关系做出了具体的说明，希望统治者"节用而爱人，使民以时"，③"因民之所利而利之"。④ 亚圣孟子进一步发展了儒家的"民本"学说，"民为贵，社稷次之，君为轻"⑤ 思想的提出体现了先秦思想家对"民本"的深刻思考。孟子以"性善论"为基础，提倡"仁政"学说，而推行"仁政"的目的，在于"保民而亡，莫之能御也"。⑥ 战国时期的著作《管子·霸言》中也曾说道："夫霸王之所以始也，以人为本。本质则国固，本乱则国危。"⑦

秦汉时期，民本主义思想有了进一步的发展。暴政导致了秦王朝的快速灭亡，汉王朝的统治者在总结秦王朝灭亡的教训时深刻地认识到了民众的力量。汉文帝时期的政治家贾谊在总结秦亡的教训

---

① 《今古文尚书全译》，贵州人民出版社，1990，第309页。
② 《老子今注今译》，商务印书馆，2003，第253页。
③ 《四书集注》，岳麓书社，1987，第61页。
④ 《四书集注》，岳麓书社，1987，第285页。
⑤ 《四书集注》，岳麓书社，1987，第252页。
⑥ 《四书集注》，岳麓书社，1987，第300页。
⑦ 《管子》，华夏出版社，2000，第159页。

时，提出了著名的"民无不为本"的思想。他指出："闻之于政也，民无不为本也。国以为本，君以为本，吏以为本。故国以民为安危，君以民为威侮，吏以民为贵贱，此之谓民无不为本也。"①"夫民者，万世之本也，不可欺。凡居于上位者，简士苦民者是谓愚，敬士爱民者是为智。"②虽然贾谊的民本思想有着朴素的爱民情绪，但作为统治者的贾谊还是将百姓视为盲目无助之人，认为暴行还是需要统治者的扶持教化。汉武帝时期的董仲舒，是"罢黜百家，独尊儒术"的倡导者。在董仲舒"尊君"的思想前提下，也有着民本思想。"天之生民非为王也；而天立王，以为民也。故其德足以安乐民者，天予之；其恶足以残害民者，天夺之。"③在汉武帝时期，已经出现了土地兼并的情况。鉴于此，董仲舒曾上书汉武帝，提出"古井田法虽难卒行，宜少近古，限民名田，以赡不足，塞兼并之路"④。在封建社会时期，抑制土地兼并的政策，最初正是由董仲舒提出来的。他的这些思想和主张对民本思想的继承和发展，有着十分重要的意义。

唐朝时期，民本主义思想有了进一步的发展，形成了成熟完善的理论体系，这主要表现在贞观初期统治者的一系列政治实践上。贞观时期的统治者对于民众的力量有着清晰的认识，并对此加以肯定。唐太宗曾对侍臣说："《书》云：'可爱非君？可畏非民？'天子者，有道则人推为主，无道则人弃而不用，诚可畏也。"⑤这实际上是对"天子受命于天"这一论断的质疑，从而认可了民众在君主即位中的作用。在贞观年间，唐太宗深刻地认识到了民众的巨大作

---

① 《贾谊新书译注》，黑龙江人民出版社，2003，第256页。
② 《贾谊新书译注》，黑龙江人民出版社，2003，第256页。
③ 董仲舒：《春秋繁露》，上海古籍出版社，1989，第46~46页。
④ 《汉书选》，中华书局，1962，第58页。
⑤ 《贞观政要全译》，贵州人民出版社，1991，第31页。

用，所以采取了一系列的轻徭薄赋、减轻刑罚的措施，以安抚百姓、稳定社会。除了唐太宗之外，贞观时期的很多政治家也认识到了民众的作用。如魏征曾上书唐太宗："孙卿子曰：'君者，舟也。人者，水也。水则载舟，水则覆舟。'孔子曰：'鱼失水则死，水失鱼犹为水也'……安可不深思之乎？安可不熟虑之乎？"[①] 贞观时期的统治阶级对民本思想的探索成为这一时期的执政方略，所以说这一时期的民本思想臻于成熟。

明清之际，由于明朝晚期资本主义萌芽的出现，一些思想家在继承、弘扬民本主义思想的过程中出现了反对封建君主专制的倾向，这在中国的政治思想史上是一种新的事物。其中最著名的人物是黄宗羲。黄宗羲写下了《明夷待访录》《原君》等著名篇章，提出了"古者以天下为主，君为客。凡君之所毕世而经营者，为天下也"[②]的观点。并且进一步指出君主"不以一己之利为利，而使天下受其利；不以一己之害为害，而使天下释其害"。为此，黄宗羲尖锐地总结："然则为天下之大害者，君而已矣。"在此基础上，黄宗羲得出了这样的结论："盖天下之治乱，不在一姓之兴亡，而在万民之忧乐"。[③] 鉴于此，黄宗羲还提出了限制君权，吸纳各阶层人士参政、议政的主张，其中闪烁着近代民主制的光辉。

中国古代的"民本主义"思想起源于先秦时期，成熟完善于唐初贞观年间，宋明清时期有新发展，在我国古代政治文明中有着十分重要的地位。但是由于当时客观的历史环境和封建统治的需要，统治者无论怎么标榜其"爱民"，实质都是为了维护自身的统治，为了实现"家天下"的延续。即使在明清之际出现了近代民主的光

---

① 《贞观政要全译》，贵州人民出版社，1991，第155页。
② 黄宗羲：《明夷待访录》，古籍出版社，1955，第2页。
③ 黄宗羲：《明夷待访录》，古籍出版社，1955，第4页。

辉，也因受制于当时的客观条件而无从实践。即使这样，在当今社会主义政治文明建设的伟大实践中，中国传统的"民本主义"思想仍有着一定的借鉴意义。执政为民是中国共产党一直以来的奋斗目标。毛泽东同志阐述的全心全意为人民服务的宗旨，邓小平同志提出的评价改革发展的"三个有利于"的标准，江泽民同志提出的"三个代表"重要思想以及胡锦涛同志倡导的"权为民所用、情为民所系、利为民所谋"等，这些思想和观点都是对我们党立党为公、执政为民的执政理念的深刻阐述。在中国共产党执政的历史进程中，"民"不再是被统治阶级，而成为国家的"当家人"。为切实保障人民群众作为"当家人"的权利，应充分总结传统重民思想因缺乏制度保障而失败的经验教训，加强中国特色社会主义制度建设。

## 二 制度自信的文化命脉

在鸦片战争时期，中国领土被蚕食，主权被侵犯，封建帝制结束更是让中国面临深刻的文化危机。五四运动既开辟了中国文化的新纪元，亦拉开了中国革命文化史的序幕，人们开始从国家的主权、独立和领土完整这个角度来认识国家和国家之间的关系，有了现代民族国家的观念。中国革命文化所倡导的科学、民主思想和精神，文学艺术领域的普遍革命行为，为中国知识分子世界观的转变、马克思主义在中国的胜利传播、中国共产党的建立及其领导下的民主革命准备了条件。中国革命文化是马克思主义在中国革命时代的最新发展成果，主要内容包括崇高的文化理想、科学的指导理论、坚定的革命精神、全新的伦理道德观念、为人民服务的文化价值取向。中国共产党在革命斗争年代所形成的"井冈山精神""长征精神""延安精神""西柏坡精神"，以及遍及全国各个角落的各具地方特色的红色文化、先进集体与英雄人物等，正是中华优秀传统文化与中国共产党革命斗争实践相结合的时代产物。中国革命文化弘扬和传承爱国主义精神，为中国主流文化价值观念的确立提供了正确的指导理论、必要的道德准则和科学知识，爱国主义不仅是推动中国社会前进的巨大力量，同时也是中华民族共同的精神支柱，是维系我们国家、民族生存不息、奋发向上搞建设的一种巨大的内在动力。总结革命斗争中正反两方面的经验和教训，中国共产党逐渐独立自主地探索中国革命道路使中国革命走向成功，这一原则也是顺利推进社会主义建设的重要原则。独立自主铸就了中国特色社会主义胜利之路，指引中国经济社会发展的制度体系，是中国在特定历史时期治国理政经验的制度总结与理论升华，理应符合自身实际、具有自身特色，基于独立自主的精神和实践。坚持独立自主精神，是增强中国制度自觉自信的基础与前提。我国是社会主义国家，其所建构的制度是在现代人类文明的基础上展开的，但同时又力图实践社会主义原则，推进中国特色社会主义的建设与发展。因而，中国共产党所进行的所有制建设都必须体现中国建设社会主义所形成的内在规定性。坚持从国情出发独立自主地构建制度，作为社会主义国家建设与发展所需要的领导制度、根本制度和基本制度绝不动摇，但是健全和完善制度所需要的体制改革应该贯穿制度建设与完善的全过程。

列宁指出，马克思主义这一革命无产阶级的意识形态之所以赢得了世界历史性的意义，是因为马克思主义吸收和改造了两千多年来人类思想和文化发展中一切有价值的东西。在中国革命、建设和改革的历史进程中，中国共产党坚持把马克思主义基本原理同中国具体实际相结合，继承中华优秀传统文化，吸取外国文化有益成果，创造了崭新的社会主义先进文化。社会主义先进文化是反映当代先进生产力发展要求的文化，是反映社会主义民主政治建设的文化，是反映中国最广大人民群众精神需要的文化。社会主义先进文化坚持用马克思主义特别是中国特色社会主义理论体系武装全党、教育人民，引导广大干部群众努力掌握马克思主义的立场、观点、方法并用以观察社会和处理社会问题，确保中国特色社会主义的正确方向。社会主义先进文化坚持宣传教育和引导民众从历史、现在和未来的大方位来认识中国特色社会主义道路、理论、制度，从而使人民群众坚定只有社会主义才能救中国，只有中国特色社会主义才能发展中国的理想信念。当代社会主义先进文化，长期以来在我国舆论主阵地中始终走在弘扬主旋律、传播正能量的前列，为把民众对中国特色社会主义的朴素情感升华为充满理性力量的共同理想做出了不可替代的贡献。社会主义先进文化代表了中华民族的根本利益，反映了中华民族伟大复兴的要求，服从和服务于党的基本路线和基本纲领，为改革开放和现代化建设提供精神动力和智力支持，并在中华民族伟大复兴的实现中与时俱进地发展。社会主义先进文化与经济制度、政治制度相吻合，是文化制度的核心与实质。社会主义先进文化强调改革创新精神，改革开放为马克思主义理论创新提供了强大的动力和丰富的资源，中国特色社会主义将马克思主义中国化推到一个新的境界。在改革开放实践中，不断推进着马克思主义的伟大创新。从以革命的方式推动社会进步转型到以改革的方式推进社会发展，变化的不是其背后的世界观和方法论，而是其对什么是社会主义、怎样建设社会主义，建设什么样的党、怎样建设党，实现什么样的发展、怎样发展，新时代坚持和发展什么样的中国特色社会主义、怎样坚持和发展中国特色社会主义等重大理论和实际问题的探索与回答。中国的体制改革，不是为改革而改革的，而是紧紧围绕着这些重大理论与实际问题的回答和解决而改革的，既具有鲜明的探索性，又具有鲜明的建设性与发展性。中国的制度创新与发展紧密结合，围绕着发展进行体制变革，通过有效的体制变革实现创新发展。改革创新精神构成中国特色社会主义经济发展道路，即以社会主义公有制为主体、多种所有制经济共同发展；改革创新精神赋予中国特色社会主义政治以崭新的内容，即坚持中国共产党的正确领导，高举马克思主义理论旗帜，坚持人民真正当家做主，坚持依法治国的根本方略，发展社会主义民主政治，进一步完善中国特色的人民代表大会制度、中国特色的多党合作和政治协商制度、民族区域自治制度以及基层群众自治制度；改革创新精神赋予了文化建设新的内涵，建设社会主义核心价值体系，增强社会主义意识形态的吸引力和凝聚力；建设社会主义和谐文化，大力培育文明风尚，弘扬中华民族传统文化，建设中华民族共有的精神家园。

# 第三章　中国特色社会主义制度自信的基本内容

中国特色社会主义制度能够实现民族复兴。这种制度自信，首先在于它集中最广泛的意志于共同的目标，协商统筹形成合力，在法治轨道上实现共荣共存。中国特色社会主义制度为解决世界发展难题提供了新的方案和智慧，这种自信就在于多样化的公有制实现形式以及政府宏观调控下的市场决定作用。中国特色社会主义制度在遵循规律与实践探索相结合的过程中实现人的自由而全面的发展，这种自信来自对共产主义的信仰。坚定"制度自信"对推动社会的全面完善、对实现伟大的奋斗目标具有重要的基础性意义。

## 第一节　民族复兴的政治制度保障

实现中华民族伟大复兴的中国梦，反映了近代以来一代又一代中国人的美好愿望，是中华民族的历史命运和当代中国的发展走向，也是全党全国各族人民的奋斗目标。经过三十多年的改革开放和社会主义现代化建设，我国在政治、经济、文化、社会等各方面有了较快的发展，一个政治开明、经济繁荣、文化昌盛、社会和谐、生态良好的负责任大国正在崛起，这一系列的成就充分彰显了中国特色社会主义制度是民族复兴的重要保障。

## 一 具有强烈内聚力的人民代表大会制度

中华民族是基于经济、政治和文化基础上的共同体,民族复兴深刻地体现了有国才有家、有集体才有个人的价值观念。实现民族复兴是中国特色社会主义的伟大使命。实现民族复兴,就需举全国之力,把全国各族人民紧密团结起来形成一个具有内聚力的社会实体,人民代表大会制度正是实现内聚力的重要制度。这一制度安排的关键词分别是"人民"和"代表"。在我国,人民民主专政的国家权利属于人民。人民代表受人民的委托,统一行使国家权力,具有权威性。人民代表大会通过选民选举和人大代表的表决将国家权力明确划分为行政权、审判权、检察权。由人民代表大会产生的国家机关及其工作人员接受人民的监督,人民对国家重大发展战略与计划有知情权,人民有权依照法定程序选举代表和罢免自己选出的代表,对国家机关的工作提出批评、建议和意见,有权检举和控告国家机关工作人员的违法失职行为。人民是国家权力的最终来源。各级人民代表大会的代表,都是由广泛的、平等的定期选举产生的。这些来自不同行业、不同地区、不同民族的代表,充分反映人民的意愿和利益,体现高度的民主。由于不是抽象地谈论人民,而是按照地域、职业、阶级、阶层分布的特点选举产生人大代表,这一制度清晰地阐释了所谓人民的权利,实际上就是指无数有着不同身份和利益的个体的权利。人民代表大会制度的运作机理在于,将多元具体的主体意志和利益,经由人民选举的代表集中到人民代表大会,通过大会的讨论、磋商,按照民主集中制的原则,最终形成全体人民的意志和利益。

人民代表大会制度下全国人民为民族复兴积极建言献策,有利于集中最广泛的意志实现共同的目标。我国的人民代表大会制度在改革开放中不断得到巩固和完善，其优越性表现在以下几个方面。一是人民代表大会制度充分保证了人民当家做主权利的实现。"中华人民共和国的一切权力属于人民。"这是人民代表大会制度的核心，它回答了国家权力不是归属少部分人，而是归属广大人民，也说明国家机关权力源自何处的问题。我国是人民民主专政的社会主义国家，广大人民群众行使权力的国家机关就是人民代表大会。各级人民代表大会由人民选举产生，包括了各地区、各民族、各阶层、各方面的人士。在各项国家机关中，人民代表大会处于最高地位，其他国家机关都由它产生并对它负责，这也就保证了广大人民群众当家做主地位的实现。二是我国的人民代表大会制度实行一院制，区别于西方式民主的两院制。人民代表大会居于最高地位，其他机关由最高机关派生并由其领导、监督。各派生机关在工作范围和职责上相区别，但都受中国人民的先锋队——共产党的领导，都为中国特色社会主义建设服务。人民代表大会制度保证了国家机关协调高效地运转，避免了各党派之间的推脱等现象。三是民主集中制原则的运用，不仅使多数人的利益得以实现，也使少数人的利益得到保护，实现了民主与集中的协调运用。人大代表由全国人民选出，代表人民集体行使职权、集体决定问题，实行民主基础上的集中，而集中的本质是集中反映人民群众的意志和愿望；同时，民主必须是在集中指导下的民主，而民主集中制就使得人民民主在制度的渠道内得到有序的实现。四是合理而有效的民主形式是实现这种权利的路径。在我国，人民管理国家事务、实现当家做主，有多种途径和形式，其中最根本的途径和最高实现形式就是人民代表大会制度。人民通过选举代表，以民主的方式建立了全国性的政权，确立了人民与国家之间的关系，解决了国家权力的来源问题，并使国家政治生活形成定期选举、定期更替的常态。层层递进的选举方式,将政权组织起来,协商民主,将党的主张与人民的要求有机地统一起来。

## 二 统筹政治合力的政治协商制度

民族复兴是要在中国特色社会主义道路上实现统筹发展,统筹好才能发展好。

现代政治和国家发展的一个特点,就是各阶层的公民通过自己的代表,协商管理社会公共事务,破解经济社会发展难题实现和谐发展、解决人与自然矛盾实现可持续发展等,这些密切相连的统筹发展离不开政治力量充分而有效地协商。中国特色社会主义协商制度和多党合作制度强调主体在理性基础上的对话、讨论和审议,是立足国情实现统筹发展的制度保障,尤其在"参政议政"和"共商国是"两个方面展示出制度自信。

毛泽东曾谈道:"究竟是一个党好,还是几个党好?现在看来,恐怕是几个党好。不但过去如此,而且将来也可以如此,就是长期共存,互相监督。"[1] 邓小平也指出:"'长期共存,互相监督'也是这样,有监督比没有监督好,一部分人出主意不如大家出主意。"[2] 民主党派作为参政党,是参加国家政权的党。其参政的主要形式是在国家政权机关中担任公职,参加国家事务的管理,对执政党和政府的决策提出有影响力的意见和建议。参加各级中共党组织召开的政治协商会议是民主党派参政议政的主渠道,民主党派和无党派人士一致拥护共产党领导积极投身于改革开放和现代化建设事业,他们就国家政治、经济、社会、文化生活中的全局性、战略

---

[1] 《毛泽东文集》第7卷,人民出版社,1999,第34页。
[2] 《邓小平文选》第1卷,人民出版社,1994,第272~273页。

性、前瞻性重大问题开展考察调研，与执政党共谋国策、共商国是。通过参政议政的方式扩大和拓宽渠道，为实现民族复兴建言献策、集智集力，政治协商制度是在理论上不断探索、政策上不断完善、实践中不断发展的过程中形成的。2007年颁布的《中国的政党制度》（白皮书）将我国政党制度的意义和作用归结为以下几个方面：政治参与、利益表达、社会整合、民主监督、维护稳定。我国政党制度不同于西方的两党制或者多党制，其优势在于：首先调动了各方面的参政议政的积极性和主动性，有利于凝聚全社会的力量为社会主义现代化建设建言献策；其次有利于促进执政党建设，中国共产党是我国唯一的执政党，在做决策的时候必然要参照其他民主党派及方方面面的意见，在这个过程中，反观自身的决策，有利于促进自身的发展。

民主党派和无党派人士各自代表与他们相联系的社会群体的利益和意见，并将其反映在对国家事务的讨论协商中，从而使中国共产党最大限度地听取了各方意见建议、最大限度地整合利用了社会资源。党的十八大报告中首次提出了"社会主义协商民主是我国人民民主的重要形式"的论断，强调"充分发挥人民政协作为协商民主重要渠道作用，围绕团结和民主两大主题，推进政治协商、民主监督、参政议政制度建设，更好协调关系、汇聚力量、建言献策、服务大局。"[①] 近年来，协商民主广泛多层制度化发展，尤其是基层协商民主即城镇社区和企事业单位内部的公共性事务协商，如公众听证会、民主恳谈会、社区议事会、公民评议会、居民或村民代表会等，这些是在各种性质矛盾复杂多变的情况下，是适应中国社会结构、利益、观念深度变迁，公民政治参与意识不断发展而形成的

---

① 《十八大以来重要文献选编》（上），中央文献出版社，2014，第21页。

具有顶层设计意义的制度安排。协商民主的价值目标是要使国家政策能充分反映群众的利益诉求，在坚持社会主义共同利益的前提下，通过协商进行沟通、说服而非强制性的权威决策和压力进一步形成共识，发挥人民群众在利益表达、公共参与方面的作用。民主集中制是反映、体现、协调全国人民利益关系的基本原则，也是把党的正确主张、人民的共同意志、国家的科学决策有机结合起来的基本原则。民主强调人民主权、群众自治以及尊重各方的利益和积极性，强调行政、法律与组织、纪律上的集中，是全局统筹与集中统一。

### 三 共荣共存的民族区域自治制度

民族复兴是56个民族的共同繁荣。各民族间的团结共进、融合发展是民族复兴的重要条件和内容。地域广阔、民族众多的国家，民族关系的融洽无疑会为地域间的发展释放更多的经济和文化活力。我国历来主张不同民族之间的多元统一，基于我国56个民族在发展程度和文化风俗上存在多样性与差异性的事实而制定的民族区域自治制度，保证了各民族不论人数多少都享有自主平等的自决权，符合各民族的共同利益和发展要求。《中华人民共和国宪法》和《中华人民共和国民族区域自治法》明确规定，在国家统一的前提下，在少数民族聚居的地方实行区域自治，设立自治机关，依法管理本民族本地方社会文化事务。

民族复兴首先要"共存"，汉族和其他少数民族都是中华民族的重要成员，各民族之间彼此心连心、同呼吸、共命运、同兴衰，民族团结和国家统一始终是中华民族历史发展的主流，反对"大汉族主义"和"狭隘民族主义"。汉族是人数最多的民族，起到团结、稳定的重要作用。其他各少数民族对中华民族有着强烈的认同，随着我国综合国力的不断增强，少数民族与汉族之间在生产生活和精神文化等各个方面的发展水平也越来越接近，为当今及未来构建和谐的民族关系奠定了坚实的基础。共存强调国家统一和完整的神圣主权不容侵犯，任何分裂或破坏活动都将被严惩，这是自治的前提条件。实现民族区域自治必须是在国家统一领导下进行，实行民族区域自治的地方仍是国家整体的一部分，其自治机关仍是下级机关，是国家政权的一部分。此外，在法制建设上，共存问题也需完善加强。为提高民族事务治理能力和水平，需在法律法规和配套政策方面加以完善，切实推进法治化、规范化。

民族复兴要实现"共荣"，还要考虑政治因素和经济因素、民族因素和区域因素的结合。由于各少数民族在发展能力和水平以及发展的客观环境方面的差异性和特殊性，民族区域自治制度要体现出"尊重差异，包容发展"的理念，需要进一步遵循宪法原则，维护公民基本权利与保障少数民族合法权益，提高民族地区基本公共服务水平，提高民族地区社会民生质量，实现各民族共同繁荣与进步。制度创新、政策扶持和国家补助等有助于增强全国各族人民对国家的归属感、对中国特色社会主义制度的认同感，有助于人民在中华民族伟大复兴进程中不断增强时代责任。国家补助、财政倾斜等一系列优惠政策，有助于提高民族地方的城镇化、工业化、现代化水平，激励其内生发展潜力，进一步转化为其实际的发展能力。

党的十八届三中全会对国家治理体系和治理能力现代化提出了新的改革要求，就民族区域自治制度而言，制度要实现我国民族问题治理体系优化和治理能力提升的改革。坚持和完善民族区域自治制度，把加快民族地区发展、维护少数民族合法权益纳入法治化轨道。在各民族共同发展、共同繁荣的理念下，民族事务的全面深化改革应着力于现实的主要矛盾和问题，以完善治理体系和治理能力的现代化为目标,综合运用各种策略,实现民族共荣发展与制度完善的有机协调。集全国各族人民的智慧和力量,积极应对"四个全面"战略布局下出现的新情况、新问题,以正确处理改革、发展、稳定的关系。中国特色社会主义制度"救得了危难,促得了发展,这不仅是世界各国对中国特色社会主义制度的评价,也成为亿万中国人民在展望未来时的信心所在"。①

## 四 治国安邦的法治保障

实现民族复兴需要法治保障,中国梦要在法治轨道上实现。宪法是国家的根本大法,是治国安邦的总章程,集中体现了党的路线方针政策,规定了中国特色社会主义制度最根本的问题。习近平总书记在纪念1982年宪法颁布实施30周年大会的讲话中指出:"我国宪法以国家根本法的形式,确立了中国特色社会主义道路、中国特色社会主义理论体系、中国特色社会主义制度的发展成果,反映了我国各族人民的共同意志和根本利益,成为历史新时期党和国家的中心工作、基本原则、重大方针、重要政策在国家法制上的最高体现。"②《中华人民共和国宪法》(1954年)颁布时,毛泽东同志就说:"原则基本上有两个:民主原则和社会主义原则。"③我国现行的是《中华人民共和国宪法》(1982年),这是在第一部宪法(1954年)的基础上,既总结以往的经验教训又结合新的时代特点和任务,进一步修改完善的。其中所做的改动主要表现在以下几方面:一是把四项基本原则写入宪法序言,明确了我国改革开放的根

---

① 周龙:《坚定社会主义制度自信——学习贯彻党的十八大精神系列述评之四》,《光明日报》2012年11月22日。
② 《十八大以来重要文献选编》(上),中央文献出版社,2014,第86页。
③ 《毛泽东文集》第6卷,人民出版社,2009,第326页。

本方向；二是在宪法理念上，突出了人民群众是国家主人的根本地位；三是在制度结构上进行完善，对根本制度、基本制度和其他具体制度都依据新的时代背景做出相应改进。在实现中国梦的新征程中，必须依据宪法和法律规定全面推动经济、政治、文化、生态文明和和谐社会建设。宪法是改革开放的坚强后盾，是民族复兴的根本准则，只有国家长治久安，人民方能安居乐业。

我们正处于比以往任何历史时期都更接近实现民族复兴的重要阶段，这个阶段不仅关系全面建成小康社会的实现，也关系全面深化改革能否继续。党的十八届四中全会以依法治国为主题，开启了社会主义法治国家建设的新航程，为更好地应对前进中矛盾风险的挑战，面对多元利益诉求促进公平正义的实现，需要发挥法治的重要作用，进入法治轨道上的中国社会才能在深刻变革中既生机勃勃又井然有序。全面推进依法治国，是着眼于实现中华民族伟大复兴中国梦、实现党和国家长治久安的长远谋划。治理国家和社会，关键是要立规矩、讲规矩、守规矩，法律是治国理政最大的规矩。改革开放以来，从提出依法治国基本方略，到确定依法执政、科学执政的基本方式；从中国特色社会主义法律体系形成，到建设法治政府、完善司法体制，中国社会发展的每一次进步，都离不开法治建设的及时跟进。实践反复证明，重视法治、法治昌明的时期也是国泰民安、经济发展、文化昌盛的时期；相反地，轻视法治、法治松弛的时期，就会出现政局混乱、经济停滞、国乱民怨。依法治国，要求我们运用法治思维和法治方式去思考问题和解决问题，提升广大人民群众的法治意识，树立法治信仰，把各种利益矛盾纳入法制的框架内，让公民各个方面的权益诉求得到法律保障，保障公民人身权、财产权、政治权利等各项基本生存权利不受侵犯，更要保障公民经济、文化、社会等各项发展权利得到落实。通过法治促进制度创新，使制度达到预期效果才能彰显制度优越性，才能用法治凝聚制度共识，使全体人民成为民族复兴的力量之源。

## 第二节 疏解发展难题的制度选择

中国特色社会主义制度取得的巨大成就改变了中国的面貌，也改变了世界的发展进程。我国从近代积贫积弱的弱国一跃成为当代世界第一大出口国和第二大经济体，其经济发展的速度和规模甚至让两个世纪前的工业革命相形见绌。中国特色社会主义制度通过对传统社会主义模式的超越和对新自由主义的抵制彰显了其优势，为破解社会主义发展进程中的世界性难题提供了可供借鉴的方案。

### 一 公有制经济与非公有制经济并存：探寻多样化的所有制实现形式

#### （一）传统社会主义模式的局限性：单一的公有制

在马克思恩格斯之后，列宁将科学社会主义学说进一步发展，特别是回答了在一个资本主义未充分发展的国家如何确立社会主义制度的问题。与马克思恩格斯的设想不同，俄国的社会主义建设是建立在不发达的资本主义基础上的。传统社会主义模式形成于20世纪30年代的苏联，对苏联最大限度地动员全国各种资源和力量取得卫国战争的胜利发挥了重要作用，这一模式下苏联工业迅速发展成为欧洲第一、世界第二，国家总体实力大幅跃升。然而，战争结束之后，模式僵化和封闭，矛盾逐渐暴露。斯大林之后的历任苏联领导人对苏联的社会主义建设始终没有清醒的认识，对社会主建设的长期性认识不足，把解决社会主要矛盾的方法放在了阶级斗争上，而且错误地认为，阶级斗争越是尖锐社会主义的矛盾问题越是能得到解决。1956年苏共二十大的召开，之后相继发生的波兰和匈牙利事件，传统社会主义模式的弊端逐步暴露，东欧各国开始谨慎地独立探索各自的社会主义建设道路。

以毛泽东为核心的第一代领导集体提出"以苏为戒"的问题，认为苏联社会主义模式并非完美无缺。毛泽东的《论十大关系》《关于正确处理人民内部矛盾的问题》的讲话，是我国社会主义建设初步探索的重要开端。三大改造在我国顺利完成，表明社会主义基本制度在我国已经确立，国内的主要矛盾已由两条道路和两大阶级的对立转变为人民对于发展的需要同落后的经济现实的矛盾，即先进的社会制度同落后的生产力之间的矛盾。由此，国家的主要任务就是在坚持根本制度的前提下创新制度的具体形式以促进生产力的解放发展。围绕着经济建设这个中心，毛泽东等第一代领导集体在反思、借鉴苏联模式的基础上，对中国独立探索社会主义建设道路进行了积极的思考，并取得了许多启发性的有益成果。例如，调动一切积极因素为社会主义事业服务的思想，正确认识和处理社会主义矛盾的思想，"三个主体三个补充"思想，社会主义条件下发展商品经济和利用价值规律的思想，社会主义发展阶段的思想，统筹兼顾的思想，中国工业化道路的思想等，这些在今天看来仍具有时代价值。第一代领导集体曾对中国特色的社会主义建设道路极具价值的探索，在一定程度上触及了传统社会主义体制与社会生产力发展不相适应的一面，只是这些比较正确的理论认识在经过实践、认识、再实践、再认识的过程中，还没有从根本上形成突破"单一公有制"的自觉行动。党的十一届三中全会开启了中国特色社会主义发展的新时期，《解放思想，实事求是，团结一致向前看》《关于建国以来党的若干历史问题的决议》这两篇重要文献是中国共产党正视错误、解决问题的开端，此后社会主义的本质与生产力的极大发展和经济建设的中心论联结起来。随着认识上的深入，实际建设的思想也取得了突破式发展，如社会主义市场经济理论、主体与多样相补充的所有制和分配方式理论、和谐社会理论等，在理论的指导下中国特色社会主义发展道路越走越宽阔。

1989~1990年，波兰、匈牙利等东欧国家的反对派掌握政权，共产党政权相继垮台。经历了"8·19"事件以后，苏东剧变，除中国、越南等极少数国家外，各社会主义国家纷纷垮台，社会主义在世界范围内遭受了重创、陷入低谷，但关于马克思主义无论是在理论研究还是实践探索上都更深入地发展了。传统社会主义模式的局限性主要是指传统社会主义的经济制度结构的局限性：在对社会经济模式的选择和理解上过于单一，对公有制实现形式的选择和理解上过于简单化。当然，世界上没有完美无缺的经济模式，只有适合本国国情的经济模式。任何一种社会经济模式的建立都要从实际出发，实事求是。总结传统社会主义模式的局限性绝不是否定其历史必然性，也不只是局限于改造或克服其存在的缺陷。毫无疑问，任何制度都需要与社会生产力的发展相适应，要与本国实际和时代特征相适合，最终要落实在能够解放生产力和发展生产力上面。在制度的建设过程中，既不能妄自菲薄盲目模仿，也不能一蹴而就急于求成。经济全球化时代资本主义普遍危机的时代趋势，正是当代世界社会主义走出低谷，探索适应新时代、新国情的多样化新道路的重要时期。

### （二）"两个毫不动摇"：破解单一公有制的合理选择

中国特色社会主义制度自信在于解决了"公"与"私"对立

的两难局面，在社会主义条件下实现了公有制经济与非公有制经济的并存。人们在物质生产和经济交往中形成了一定的社会经济关系，这其中最重要的是生产资料所有制关系。不同的所有制关系会形成不同性质的生产关系。所有制是决定一切生产关系的基础，从根本性质上看，它具有"公有"与"私有"、"姓社"与"姓资"的区分，但从其具体的经营方式和实现形式上看，则不存在这些划分。

马克思和恩格斯在考察生产资料所有制性质时，指出生产资料所有制是生产关系的基础，它对生产关系的其他各个方面起着决定性作用。社会主义公有制的建立使劳动者处于生产资料所有者的平等地位，并提出了将劳动成果按有利于劳动者利益的原则进行分配的新要求，生产资料不再是剥削的手段，形成了不同于以往的崭新的社会主义生产关系。我国当前的基本经济制度是在保证主体公有制经济的基础上，促进其他多种所有制经济共同发展。这既保证了国家对事关国计民生的经济命脉的掌控，又有利于发挥各项经济成分的活力，从而促进我国经济的健康快速发展。这一基本经济制度是从变革所有制和具体产权制度开始的：一方面恢复和发展国内的私有经济；另一方面在公有制内部改变产权配置格局，实行多种所有制形式。多种所有制和多种实现形式促进商品经济的全面发展，导致了社会主义市场经济代替传统计划经济，也使过去比较单一的社会生产关系复杂化、多元化。

以公有制为主体是我国基本经济制度的重要内容。主要包含四方面的含义：第一，其范围并不仅限于以往的国有经济和集体经济这些单一形式，还包括含有国有或集体成分的混合经济形式。第二，要用质和量相统一的观点辩证看待公有制的主体地位。以公有制为主体，并不是像以往理解的那样在数量上占据统治地位，而是说公有制经济对国民经济的发展要有重要引领作用,包括个体经济、私营经济和混合所有制的个体和私有部分的非公有制经济,是我国社会主义市场经济的重要组成部分。第三,公有制的主体地位要求国有或集体经济掌控国民经济命脉,对经济发展起主导作用。这种主导是就全国全行业而言,至于各具体产业可以有所差别。第四,公有制不等于公有制的实现形式。社会主义公有制的性质体现了社会主义的本质,而适合公有制发展的形式可以多样化。公有制可以采取独资,也可以采取合资等实现形式。我国处在社会主义初级阶段,生产力水平还不高,还不能满足人民日益增长的物质文化需要,这就要求在遵循社会经济发展基本规律的基础上,大胆探索有利于社会主义生产力发展的公有制有效实现形式。

我国基本经济制度的确立同我们对非公经济成分认识的不断深入密切相关,从把私营经济看作"资本主义的尾巴"并严厉打击,到党的十五大把多种形式的非公有制经济看作"社会主义市场经济的重要组成部分",再到党的十六大肯定非公有制经济的重要地位,提出"各种所有制经济完全可以在市场竞争中发挥各自优势,相互促进,共同发展"。[①] 如今,社会主义市场经济形式早已不再仅仅是只有公有制形式,党的十八大报告指出:"推行公有制多种实现形式,深化国有企业改革,完善各类国有资产管理体制,推动国有资本更多投向关系国家安全和国民经济命脉的重要行业和关键领域,不断增强国有经济活力、控制力、影响力"。[②] 党的十八大以来,国企改革的力度加大,尤其是民间资本和外国资本参与改革,混合所有制形式继续发展壮大。党的十八大报告又强调:"毫不动摇鼓励、

---

[①] 《十六大以来重要文献选编》(上),中央文献出版社,2005,第19页。
[②] 《十八大以来重要文献选编》(上),中央文献出版社,2014,第16页。

支持引导非公有制经济发展，保证各种所有制经济依法平等使用生产要素、公平参与市场竞争、同等受到法律保护。"① 在我国基本经济制度的引导和规范下，公有制经济和非公有制经济共同发展，拥有同等的市场地位。公有制经济控制国民经济命脉，为实现工业化、城市化和现代化提供坚强的保障，同时，在市场经济活动中，又能起到宏观调控的重要作用，保证市场秩序的健康发展，有利于调节再分配体系，体现社会主义本质；非公有制兼顾我国现在处于社会主义初级阶段的基本国情，为解放生产力提供各种思路和实现途径，激活了市场活力，带来了蓬勃朝气，充分体现了社会主义制度在解放生产力、发展生产力方面的优势。

## 二 社会主义市场经济：价值规律与社会主义的价值目标相结合

### （一）新自由主义的迷思：资本主义制度的幻想

由美国"次贷"危机引发的国际金融危机，使世界经济陷入20世纪大萧条以来最困难的境地，此次危机在影响范围、危害程度上，仅次于1929～1933年的资本主义大危机。时至今日，全球经济复苏的脚步仍然缓慢。引发危机的原因成为国内外理论界关注的焦点。新自由主义在理论上体现了资本主义制度的核心理念，其理论假设是"理性人"，即人的天性是自私自利的，试图用最小的成本获得最大的利益。这一假设的实质是离开现实的经济关系抽象地谈论人性，并由此来解释市场经济中人与人的交往行为和经济的发展。新自由主义强调，自由市场是资源配置的最有效方式，自由

---

① 《十八大以来重要文献选编》（上），中央文献出版社，2014，第16页。

竞争不仅能实现优胜劣汰、使资源得到最有效的配置，还能实现经济平稳发展，而政府干预则会扰乱市场自发的演进秩序，是对自由和个人的侵犯，是经济周期或经济危机出现的原因。在自由化、市场化的基础上，新自由主义主张国有企业的私有化以及公共服务的私有化，认为公有制天生效率低下。

新自由主义源于20世纪30年代的资产阶级自由主义思潮，由于其保守的立场及其不合时宜的政策主张无法帮助资产阶级解决在垄断阶段、帝国主义时期的各种尖锐矛盾，因而其影响力日渐式微。直至20世纪60年代后期，一直处于主流地位的凯恩斯主义无法解决西方国家出现经济增长停滞和通货膨胀的难题，主张政府干预的宏观经济政策宣告失效。为了解决更为突出的劳资对立的问题，西方理论界选择了新自由主义并推动了其的兴起和向全球的传播。西方国家的经济危机往往表现为利润率持续下降，无法维持正常的生产活动。而造成危机的根本原因是，资本主义生产资料的私人所有制无法容纳其创造的生产力，结果必然是产品相对过剩和无产阶级的贫困，整个社会表现为有效需求不足。西方发达国家近几年发生的金融危机再次表明，新自由主义的经济政策和改革仍然无法从根本上改变资本主义生产方式的内在矛盾，资本主义矛盾在内部不断发酵，资本生产在下一次（也许更长的）生产周期必然会再次遭受危机的冲击。不难发现，每当西方资本主义国家面临经济危机时，资本主义国家必然要采取措施以改善资本的经营状况，维持资本主义制度的延续。此时，代表资产阶级利益的理论思潮如新自由主义，就会粉墨登场，迅速扮演起"消防员"来力图挽救失控的局面。综观资本主义发展历史进程，新自由主义的政策转向并没有从根本上化解资本主义的经济危机，反而掩盖和加深了资本主义生产资料所有制与社会化大生产的矛盾，导致了资本主义更深层次的危机。20世纪90年代初苏东剧变后社会主义发展受挫，米塞斯和哈耶克最早对苏联的"计划经济"进行了批评，提出把自由放任的思想作为新的改革思路以帮助社会主义国家摆脱贫困。新自由主义者不仅要在西方国家恢复自由主义的主导地位，而且主张将这种理念、制度推行到全世界。所谓"华盛顿共识"就是新自由主义的理论主张具体化为体现国际垄断资本集团利益的政策纲领。20世纪80年代拉美等发展中国家普遍爆发了债务危机和经济危机，在西方发达国家和国际货币基金组织的多重压力下，在国内开始了新自由主义模式：贸易自由化、放宽对外资的限制、私有化、汇率金融改革、加强市场导向等。最终结果是危机非但没有解除，反而导致了更加深重的灾难。由此可见，新自由主义在经济制度方面为全盘私有化制造舆论，他们倡导并推动的私有制，实质上是为了搞垮一个国家的经济基础，破坏社会稳定，从而服务于资本追逐利润的本性。这是我们坚持中国特色社会主义制度自信必须要加以警惕和警醒的。

**（二）市场的决定作用与政府主导调控：破解市场经济自发发展的困境**

改革开放之初，邓小平就指出："社会主义和市场经济之间不存在根本矛盾"。[①] 从而将人们的思维从计划与市场的绝对对立中解放出来。在此基础上，党的十四大将建立社会主义市场经济体制作为经济改革的目标，党的十六大提出要进一步完善这一体制。至党的十八大肯定市场在资源配置中的决定作用时，围绕着市场与政府的改革主线，中国的经济体制逐步走向完善。虽然市场机制的运用

---

① 《邓小平文选》第3卷，人民出版社，1993，第148页。

对资源的合理优化配置具有决定性作用,但其本身存在滞后性、残酷性等弊端,还需借助宏观调控的力量来实现经济健康发展。改革开放40多年来,竞争与市场的理念已融入各个领域,唤起了人们的热情和经济的活力。中国经济建设取得了举世瞩目的成就,尤其是2008年国际金融危机的爆发及中国为世界经济复苏所做的贡献,更显示了中国特色社会主义的优越性。截止到2016年,我国国内生产总值首次突破70万亿元,经济发展稳步上升,到2015年就已经取得了GDP全球第二的成就;自2009年起,对外贸易连续稳居世界第二,充分体现了中国特色社会主义制度的优势。

自从资产阶级"按照自己的面貌"建立起资本主义制度后,随着世界市场的扩大,市场在资源配置中的决定性作用成为市场经济发展的共识。在资本主义市场经济中,剩余价值规律使市场的功能弱点得到强化和放大。私人资本家为了追逐利润而进行生产,一切都是为了获取更多的剩余价值并进一步扩大资本,资本集聚的规模越来越大,最终形成垄断寡头。中国的社会主义市场经济的发展当然要遵循市场经济发展的一般规律,但在社会主义条件下,"市场的决定性作用"不仅具有与资本主义市场经济中"市场的决定性作用"性质不同的经济基础——公有制,而且具有与倡导"市场万能论"的新自由主义政策导向不同的政府调节方式与调节领域,既要发挥价值规律的积极引导作用,又要避免价值规律可能导致的消极后果,必须致力于将价值规律与社会主义价值目标不断结合。社会主义市场经济的核心有两层:一是作为资源配置方式的市场与社会主义制度相结合,社会主义生产以更好地满足全体劳动人民日益增长的需要为最终目的,可以借助市场信息、价格机制灵敏而及时地反映社会需求,资源的有效配置可以更好地实现大力发展生产的目的,使市场机制服务于广大人民利益的不断增长。以公有制为基础的生产资料所有制不存在剥削关系,因而有利于避免和减少市场经济发展过程中的两极分化,有力地激发和调动广大劳动者的积极性和创造性,是实现最广大人民走向共同富裕的制度之基。二是市场配置资源的决定性作用与宏观调控的主导作用相结合。发挥市场配置资源的决定性作用并不是放任市场自由不受管控地随意发展。社会主义市场经济能利用强有力的国有经济发挥其主导作用,通过国家调控的优势,减少社会生产的盲目性和自发性,实现国民经济的稳定和协调发展。

## 第三节 人类解放的制度阶梯

### 一 制度自信的思想根基

马克思主义是我们立党立国的根本指导思想,在中国共产党带领中国人民进行革命、建设、改革的过程中发挥了重要作用。坚持马克思主义的指导地位是由我国社会主义社会性质决定的,也是历史的必然选择。"马克思主义的另一个名词就是共产主义。我们多年奋斗就是为了共产主义,我们的信念理想就是要搞共产主义。"[①]共产主义信仰是对共产主义学说和理论的信服、敬仰和崇拜,是社会主义发展的强大精神支柱。

马克思主义形成和创立初期,资产阶级曾不断攻击"共产主义"会消灭人的个性和自由,认为共产主义是不可能实行的,也不应该实行。马克思在《共产党宣言》中,批驳了资产阶级的偏见,指出:"共产主义革命就是同传统的所有制关系实行最彻底的决裂,

---

[①] 《邓小平文选》第3卷,人民出版社,1993,第137页。

毫不奇怪，它在自己的发展进程中要同传统的观念实行最彻底的决裂"。① 在《德意志意识形态》中，马克思深入社会生产方式的内部建制——生产力和"交往形式"之间的矛盾运动中，指出社会历史发展的辩证动力。在《1857—1858 年经济学手稿》中，马克思从人与人之间的社会关系出发，对现实个人的解放进行了历史唯物主义的深度阐释。在《资本论》中，马克思恩格斯在客观地分析现实资本主义社会、揭示其特殊运动规律的同时，又批判了资本主义社会的"非人"现实，进而把自由而全面发展确立为共产主义社会的目标。显然易见，共产主义并不是人臆想出来的与现实脱节的概念的产物，也不是一种与私有财产抽象对立的东西，它尤其不是"消灭财产，其结果是普遍没有财产或贫困"的共产主义。② 马克思认为，共产主义是现代资本主义社会历史发展的客观结果，并且，"共产主义和所有过去的运动不同的地方在于：它推翻一切旧的生产关系和交往关系的基础，并且第一次自觉地把一切自发形成的前提看作前人的创造，消除这些前提的自发性，使这些前提受联合起来的个人的支配"。③ 也正是在那时，即"到了外部世界对个人才能的实际发展所起的推动作用为个人本身所驾驭的时候"，共产主义就不再是理想，而是现实。④ 马克思认为，在未来的共产主义社会中，只有人才真正获得了真正的历史主导地位，在物质生产力高度发展的基础上，在科学认识和合理利用客观规律的前提下，成为人类社会历史的真正创造者和主人。

共产主义是资本主义发展的产物。马克思恩格斯从 19 世纪 40 ~

---

① 《马克思恩格斯文集》第 2 卷，人民出版社，2009，第 52 页。
② 参见《马克思恩格斯全集》第 3 卷，人民出版社，1972，第 553 页。
③ 《马克思恩格斯文集》第 1 卷，人民出版社，2009，第 574 页。
④ 《马克思恩格斯全集》第 3 卷，人民出版社，1972，第 330 页。

50年代资本主义社会发展的实际出发,他们曾认为首先走上社会主义发展道路的国家,可能是英、法等西欧发达的资本主义国家。但是,第一次世界大战以后,社会主义首先在俄国这个资本主义尚不发达的国家取得了胜利,"世界历史发展的一般规律,不仅丝毫不排斥个别发展阶段在发展的形式或顺序上表现出特殊性,反而是以此为前提的"。① 第二次世界大战以后,中国等资本主义未得到发展的国家又越过了资本主义的中等和高度发展阶段,直接走上了社会主义发展道路。然而,苏联解体后,西方学者福山抛出"历史终结论",认为资本主义自由民主"无可匹敌","共产主义渺茫论"从西方蔓延到东方,故意淡化马克思主义的科学性,这种信仰危机无疑会削弱社会主义制度的凝聚力,导致发生社会焦虑、戾气横生、片面追求物质刺激、崇尚功利主义等现象,成为当今中国特色社会主义制度自信面临的重大挑战,必须明辨是非:第一,马克思恩格斯关于共产主义的理论是从他们所处的现实社会条件出发的,依据无产阶级斗争实践经验,通过深入研究,揭示出人类历史发展的客观规律。他们对共产主义社会制度的论述,是根据已知的阶级对抗形式下的社会化生产的规律,对未知的、阶级已经消灭的非对抗形式下的社会化生产的一种科学预见。这些预见虽然还带有推测、假设的成分,还有待在实践中检验,但必须看到,它是有客观根据的,是符合事物发展规律的。这正是马克思主义之所以是科学,科学共产主义之所以不同于空想共产主义的关键。第二,共产主义制度的实现要靠共产主义信仰引领。现阶段在各国的社会主义实践中所形成的社会主义制度,虽然还不能算是对共产主义社会制度的直接证明,但至少提供了证明共产主义制度的客观论据。在实

---

① 《列宁全集》第43卷,人民出版社,1987,第370页。

践上必须把实现共产主义远大理想和共产主义发展的各个不同阶段联系起来。资本主义制度不会随着生产力的发展而自动灭亡,共产主义制度也不会自然产生,只有依靠无产阶级政党带领广大劳动人民继续努力奋斗,才能最终实现更高的社会形态。中国特色社会主义是中国共产党和人民坚持共产主义信仰的时代选择,中国特色社会主义制度是中华民族伟大复兴的制度保障,也是人类解放的制度阶梯。

## 二 制度自信的文化支撑

### (一) 以马克思主义为指导:制度自信鲜明的旗帜

马克思主义是中国特色社会主义基本文化制度的重要组成部分和理论基础,决定着基本文化制度建设的性质和方向。同时,马克思主义也为中国特色社会主义基本文化制度建设提供了科学的世界观、方法论,也提供了抵御国内外各种错误思潮,如拜金主义、享乐主义、个人主义影响的有力武器。改革开放以来,各种思想相互激荡,西方资产阶级的各种腐朽思想也通过不同渠道影响着人们的思想,只有以马克思主义为指导,才能从总体上把握局势,既防止"左"又警惕右,使中国特色社会主义文化沿着正确的方向前进。以"百花齐放、百家争鸣"为发展方针,以为人民服务和为社会主义服务为发展方向。"百花齐放、百家争鸣",是毛泽东在20世纪50年代首先提出和倡导的,是我们党和国家建设中国特色社会主义文化的基本方针,体现了理论、科学技术、文学艺术等精神生产的客观规律。在中国特色社会主义实践中,在理论上和实践中还有很多问题未解决,学术领域中出现不同观点、不同学派之间的争论,不仅是正常的也是有益的,在不同学术派别的相互切磋和自由争论中，各种意见充分表达，既可以活跃思想文化，也有利于理论创新和问题的解决。因此，以"百花齐放、百家争鸣"作为发展我国基本文化制度的方针，才能更好地发展和繁荣中国特色社会主义文化。

基本文化制度是社会主义的文化制度，社会主义文化事业是人民群众的文化事业，这一性质决定了我们的文化必须为人民服务、为社会主义服务。为人民服务强调的是社会主义文化与人民群众之间的血肉联系，从为什么人服务的角度指出我国文化建设的方向；为社会主义服务强调的是社会主义文化与人民群众血肉联系的时代内容，划清了我国基本文化制度与西方资本主义文化的界限。以社会主义核心价值体系为基础，既继承和发扬了中国优秀的传统文化，又借鉴和吸收了国外文化的有益成果。价值决定制度，社会主义核心价值体系是社会主义意识形态的本质体现，是社会主义先进文化的精髓，是中国特色社会主义的价值体系，它决定了中国特色社会主义基本文化制度的内容，我国的基本文化制度必须以此为基础。同时，中华民族创造了灿烂的文化，在各个方面积累了许多优秀的文化成果，这是中华民族屹立于世界之林的坚固基石，是中华民族绵延昌盛的宝贵财富，这些优秀的部分应该得到继承和发扬，这才不至于使我国的基本文化制度没有了传统的根基。在全球化的背景下，对于人类文明优秀成果，不能视而不见，对于国外文化的有益成果，要保持头脑清醒，坚持以我为主、为我所用，适当借鉴和吸收是有利于中国特色社会主义文化发展的。

我国的基本文化制度是以马克思主义为指导、多元文化并存的文化制度，以马克思主义为指导是我国基本文化制度建设的一面鲜明旗帜，它保障了我国基本文化制度的社会主义性质，同时多元文化并存，也确保了我国基本文化制度的活力。只有让多元并存，才能不断为我国的基本文化制度注入新鲜血液，各种文化在激荡中碰撞出智慧的火花，是我国基本文化制度发展的重要源泉。只有将马克思主义和多元文化并存结合起来，才能使我国基本文化制度源源不断地朝着更高更远的方向发展。

### （二）解放和发展文化生产力：制度自信的动力

在当今时代，文化已成为国际间综合国力竞争的重要因素，文化体制改革对于中国特色社会主义建设具有全局性和战略性的意义。文化也是生产力的重要组成部分，文化生产力是融合精神的价值体系，是行为的制度体系，也是国家或民族硬实力和软实力的综合体现。解放和发展文化生产力的根本动力是文化体制改革，以体制机制创新为重点，逐步建立适应社会主义市场经济的新型文化体制。我国的文化体制改革是在坚持社会主义基本经济政治制度基础上的改革，是建立在中国特色社会主义基本国情基础上的改革。在改革中，始终坚持马克思主义在意识形态领域的指导地位，坚持"二为""双百"方针，坚持"三贴近"原则，坚持弘扬主旋律、提倡多元化。要形成以公有制为主体、多种所有制共同发展的文化产业格局，切实维护国家战略利益和文化安全。在文化体制改革的过程中，始终坚持解放思想、转变观念，不断深化对文化地位、文化作用、文化发展方向、文化发展动力、文化发展思路、文化发展格局和文化发展目的的认识。中国特色社会主义文化体制改革的最终目的是为了人的发展，坚持以人为本的基本原则，创造更多更好的文化产品，不断满足人民群众日益增长的精神文化需求，为社会主义现代化建设提供精神动力和智力支持。

按照党的十八届三中全会提出的"加快完善文化管理体制和文化生产经营机制"的改革目标要求，同时按照"决策、执行、评价监督三分离"的原则，设置有利于资源开放性配置、社会化大系统循环的职能管理流程，建立大部门制管理结构，成为新时期深化文化改革的战略性突破口。社会主义市场经济的基本规律要求我国在文化体制改革过程中要正确处理政府调节与市场调节的关系。对于文化体制改革和文化产业发展而言，就要求正确处理政府调节与市场调节的关系，充分发挥市场在文化资源配置中的基础作用，实行基础性的市场调节与协调性的政府调节相结合的宏观调控体系。市场调节要求文化体制改革要注重发挥文化市场机制的调节功能，要求文化企事业单位自行根据文化市场的需求和文化消费者的选择灵活调节文化产品的生产。政府调节要求文化体制改革要依据政府预定的文化产业目标，按照文化生产与传播的基本规律和文化市场的实际情况，运用价值规律和市场法则，采取系统有序的措施，对文化经济的运行和文化产业的发展进行自觉的调节。遵循社会主义市场经济的基本规律要求在文化体制改革过程中要正确处理社会效益与经济效益的关系。当前，建设新型智库、推动媒体融合、改进文艺评奖、构建现代公共文化服务体系等各项改革全面开花，改革成果逐步显现，我国文化建设与发展呈现更加崭新的格局和气象。

## 三 制度自信的本质特征

马克思从人自身的异化问题出发，到确立实践中人的物质生产性前提，进而研究人的生产关系，以期实现人的自由全面发展。在《关于费尔巴哈的提纲》中，马克思指出："人的本质不是单个人所固有的抽象物，在其现实性上，它是一切社会关系的总和"。[1] 从单个抽象的人转向具体现实的人，表明马克思研究的立足点也从哲

---

[1] 《马克思恩格斯文集》第1卷，人民出版社，2009，第505页。

学思辨转向了现实生活。"实现物质财富极大丰富、人民精神境界极大提高、每个人自由而全面发展的共产主义社会,是马克思主义最崇高的社会理想。"① 共产主义是马克思在剖析现存的经济关系中发现的人类关系的理想形态,体现了马克思主义价值理念。马克思从批判费尔巴哈"不能找到从他自己所极端憎恶的抽象王国通向活生生的现实世界的道路",② 到发现"每个人的自由发展是一切人的自由发展的条件"③ 的共产主义社会,体现了马克思主义建立新社会的终极追求是为了人本身的发展,从而将人的自由而全面发展作为价值取向。

近代以来,中国先进的仁人志士为了实现国家独立和民族富强而不懈奋斗。实现了国家独立之后,民族富强的历史课题摆在了党和国家领导人面前,如何在一个多民族、幅员辽阔、发展极不平衡、历史悠久的古老国度实现民族富强成为中国共产党人必须面临的时代课题。在中国共产党的领导下,古老的国度打开了历史的大门,开创了改革开放的新局面。随着政治制度和经济制度的不断完善,发展的活力被激发出来。社会主义实践主体始终是人民群众,坚守"人民性"是社会主义实践的本质要求。社会主义实践的目的是实现民族复兴、共同富裕,不断满足人民群众物质生活和精神文化的多种需要。在中国社会主义建设和改革开放的整个历史时期,人民群众始终是社会发展和文明进步的主体力量。从社会主义改造到社会主义的全面建设,从联产承包责任制到村民委员会的创建,经济领域和政治领域的创新,充分显示了广大人民群众的智慧和经验。随着改革开放的推进,中国特色社会主义的实践主体范围也在

---

① 《十六大以来重要文献选编》(上),中央文献出版社,2005,第363页。
② 《马克思恩格斯文集》第4卷,人民出版社,2009,第294页。
③ 《马克思恩格斯文集》第2卷,人民出版社,2009,第53页。

创造性地扩大,"这些新的社会阶层中的广大人员,通过诚实劳动和工作,通过合法经营,为发展社会主义社会的生产力和其他事业作出了贡献"。① 江泽民同志指出:"我们进行的一切工作,既要着眼于人民现实的物质文化生活需要,同时又要着眼于促进人民素质的提高,也就是要努力促进人的全面发展。这是马克思主义关于建设社会主义新社会的本质要求。我们要在发展社会主义社会物质文明和精神文明的基础上,不断推进人的全面发展。"②"把坚持党的先进性和发挥社会主义制度的优越性,落实到发展先进生产力、发展先进文化、实现最广大人民的根本利益上来,推动社会全面进步,促进人的全面发展。"③ 认识到了这一点,就抓住了中国特色社会主义制度和社会主义现代化建设的根本。人民群众是中国特色社会主义建设的力量来源和主体,依靠人民、为了人民是其根本出发点和立足点。在党的十八大报告中,"人的全面发展"共提及四次,报告强调以人为本是中国特色社会主义的根本立场。五大发展理念是在我国进入全面深化改革阶段,为实现发展方式转变、产业结构优化和最终实现全面建成小康社会的伟大目标而提出的最新发展理论,也是对在新阶段"怎样实现人的发展"这一问题的历史性回答,创新发展要凝聚人民之智慧,协调发展要统筹各领域各群体之力量,绿色发展是要解决好人民与自然的和谐共生,开放发展是要开放富民,共享发展强调全体人民的共建共享。

## 四 制度自信的现实选择

任何一种制度的优劣,都有着一定的评判标准。作为"制度",

---

① 《江泽民文选》第3卷,人民出版社,2006,第286页。
② 《十五大以来重要文献选编》(下),人民出版社,2003,第1925页。
③ 《十六大以来重要文献选编》(上),中央文献出版社,2005,第11页。

应该说是有着共同的普遍意义上的评判标准的，这些评判标准包括三方面的内容：一是制度必须建立在现实基础之上；二是这种制度的建立必须符合国家的实际，与人民的愿望一致；三是这种制度必须与生产力发展阶段相适应，能够促进而不是束缚它的发展。中国特色社会主义制度是符合这三个标准的历史探索的产物。它的建立可以说自我国确立社会主义制度开始，就处在艰难地探索和逐步地完善中了。改革开放前的历史为这一制度的最终确立奠定了坚实的政治经济基础，也提供了丰富的历史经验。改革开放后的历史则对其进行了大胆的创新和发展，使其逐渐走向成熟、完善。改革开放后，这一制度的确立和发展大体上可分为三个时期。首先是总体转变时期。自党的十一届三中全会到党的十三大，出于对以往建设历史和错误道路的反思，在政治上恢复了根本制度和各项基本制度的运作，对领导制度进行了改革；在经济上确立了市场化的改革走向；法制建设也稳步开展。总体上，社会主义制度相较于动乱时期转变了思路和方向，各方面建设也迈入正轨。其次是大体形成时期。从党的十三大到十五大，社会制度在各方面逐渐成形。各项政治制度进一步巩固，依宪治国、依法治国的基本方略得以落实，社会主义市场经济体制初步确立。中国特色社会主义制度的体系在探索中逐渐确立、不断提高。最后是发展完善时期。从党的十五大至十七大，社会制度的模型已基本形成，各项制度在发展中进一步完善。政治上人民民主的理念进一步增强，民主制度日益发展；法治建设也取得了质的飞跃；市场经济制度进一步深化；社会建设的布局日益全面。为更好地发挥人民对社会主义建设实践的积极性、主动性和创造性，必须总结历史、立足现实、面向未来，以着力保障和改善民生为目的，根据不同阶段主要矛盾和主要任务不断完善制度，包括民主法治、教育医疗、公共建设、分配公平等一系列与人民息息相关的制度机制，在积极发展经济使人民的生活水平和生活质量得到显著改善的基础上，更加注重社会公平，努力兼顾全体社会成员在教育、工作、劳动、住房、养老等方面的权益，使全体人民在分享社会进步和改革开放带来的物质财富和精神财富的过程中认识到社会主义的制度优势，形成强大的社会凝聚力。党的十八届三中全会从经济建设、政治建设、文化建设、社会建设、生态文明建设、党的建设六个方面，提出了新时期全面推进制度建设的内容和方向。"十三五"时期是建立更加成熟更加定型制度的关键时期，党的十八届五中全会提出以新的发展理念引领中国特色社会主义新实践，明确了制度建设的目标和任务，进一步为制度建设指明了方向。中国特色社会主义制度以每个人自由而全面的发展为根本理念和最高追求，一方面这是由其指导思想马克思主义的本质要求决定的，另一方面人们对这一制度的认同和自信，是其发展完善的根本保证。

# 第四章　破解社会发展困境的制度优势

当前中国特色社会主义制度自信面临三大陷阱，制度如何为中国可持续发展提供创新动力，完成制度转型以脱离"中等收入陷阱"，制度如何在转型期解决好共建共享的问题走出"塔西佗陷阱"，中国目前的优势已经不容舆论否定，制度全面完善与发展将会击破"修昔底德陷阱"，制度的全面崛起会解决制度如何自信的问题。

## 第一节　坚定制度自信脱离"中等收入陷阱"

西方国家认为中国不可避免地要进入"中等收入陷阱"，无法摆脱"高增长依赖症"，对此，要冷静地看待我国当前经济发展的阶段性特征，树立制度从要素驱动向创新驱动转型，配合收入分配制度的改革培育长效发展的动力机制，应对舆论对中国特色社会主义制度的质疑，基于中国所处的战略机遇期，充分发挥制度优势，理性看待中国跨越"陷阱"的现实问题。

### 一　中等收入陷阱之因

中等收入陷阱的概念首先是由世界银行组织在 2006 年的《东亚经济报告》中提出的，其基本含义是指，一个经济体在实现了中等收入的目标并继续向高收入迈进的过程中,会进入一个因发展模式难以转变而形成的经济增长的瓶颈期。这主要是因为,进入这个时期,以往经济起飞阶段的问题显现出来,与过去的发展机制和方式形成尖锐的冲突,经济难以继续维持快速增长状态甚至会出现停滞,收入分配不公平现象严重,贫富差距较大。归纳形成中等收入陷阱的原因:一是不注重发展模式的转换。从已经跨越中等收入陷阱的国家(日本、韩国)经验来看,最根本的在于实现经济发展模式的转型,尤其是实现从"模仿"到自主创新的转变。二是技术创新的瓶颈难以克服。一个国家的经济发展进入中等收入的阶段之后,原有的低成本优势逐渐被其他国家所替代,这样就会造成与低收入国家竞争的劣势。另外,在中高端市场,由于受研发水平和人才缺失的制约,又很难与发达国家相抗衡。在这种上下挤压的环境中,难以找到经济发展的优势和动力,从而使得经济发展进入一种停滞状态。要想克服这种困境,就必须加大在自主创新和人才培养方面的投入,培养新的竞争优势。三是对发展的公平性不够重视,造成社会失衡。发展的公平不仅有利于收入分配的改善,创造经济发展的活力,还能够促进社会矛盾的缓解,从而推动经济的可持续发展。拉美国家进入中等收入阶段之后,贫富两极分化尤其是财富集中在少数人手中,造成广大低收入阶层消费能力有限,经济供求关系失衡,增长难以实现。更有甚者,一些国家由于贫富差距不断扩大造成社会分化严重,政局动荡,社会不稳定,对经济的发展造成了严重的影响。四是政府领导力弱化,宏观经济发展政策出现偏差。由于受到西方新自由主义的影响,拉美国家宏观经济管理乏力,政府经济发展政策缺乏调控力和稳定性,政府难以应对日趋严重的通货膨胀和国际收支不平衡而债台高筑,经济大幅波动造成了拉美国家政治局面失控。五是利益集团错综复杂,体制变革严重滞后。由于受到利益集团的羁绊，体制变革严重不符合经济发展的实际要求。拉美国家的经营集团奉行"现代传统主义"，片面地追求财富增长和经济发展，反对在价值观念、权力分配和社会结构等方面展开变革，变革的西化严重。财富过度集中于大利益集团手中，其权势力过于强大，导致了腐败、寻租和投机等一系列现象在经济政治领域迅速蔓延，严重削弱了市场在资源配置中的作用。

在全球化背景下，中等收入国家能否走出"陷阱"某种程度上就取决于制度转型。依靠大规模的生产改变基础设施、拉动消费、促进增长的模式难以应对复杂多变的国内国际环境，制度、管理和创新等这些非物质生产要素成为驱动经济增长的新动力，制度对长效发展的决定性作用与日俱增，"制度"转化为现实生产力是关键，生产力的质量与"制度"的优劣密切相连。应该说，有什么样的经济发展水平就会有什么样的制度选择，制度转型推动经济增长，经济增长伴随制度转型。从发展中国家的政府、制度转型与增长的关系来看，建设"制度"的任务是艰巨、复杂且长期的，涉及国家政策的可行性、公正性、长效性，政府运行的廉洁性和高效性，政府治理的现代性及科学性等，为可持续增长创造有利的内部环境是制度转型的重要任务。总之，在全面深化改革的新时期，制度的发展活力与科学性、先进性，是决定可持续发展与全面提升国际综合力最终实现顺利跨越"中等收入陷阱"的关键。

## 二 中国应对"中等收入陷阱"之态

当前影响我国经济持续快速发展的因素包括以下几个方面。一是收入差距不断扩大，严重影响着社会的稳定。二是消费需求严重不足，制约着经济的发展。收入分配不平衡容易导致内需不足，给经济发展模式的转变带来极大的挑战和困难。三是技术创新能力较弱。通过"外溢效应"继续实现产业技术提升的空间缩小,而国内的产业技术创新由于受到人才因素和体制机制的影响,难以在短时间内实现快速增长。四是劳动力成本不断上升,劳动力供给增速下降。这意味着保持经济的持续快速增长已经不能再单一地依靠劳动力福利,而应该更多地向劳动生产率的提高和科技创新转变。五是社会矛盾增多,社会风险加大。进入中等收入社会之后,社会主体的选择性、多元性和不确定性加大,社会利益格局也更加的复杂多样,对创新社会管理提出了新的更高要求。

"我国发展仍处于重要战略机遇期,我们要增强信心,从当前我国经济发展的阶段性特征出发,适应新常态,保持战略上的平常心态。"[①] "新常态"是描述新周期中的中国经济的高频词语,而"增强信心"成为应对"中等收入陷阱"的重要前提和基础。发展模式调整期、发展速度换挡期、发展问题消化期这三期叠加的状态是新常态下中国经济的基本特征。在经济增速方面,我国的经济增长速度正在从过去的高速增长向中高速转变。在结构调整方面,过剩产业面临压缩,低端产业亟待升级。在前期刺激政策消化方面,4万亿刺激计划是我国在特殊时期采取的特殊政策,它在保证中国经济应对金融危机的同时,也给后续的宏观调控带来了不少难题,增加了后期宏观调控的难度。面对新周期经济出现的困难和问题,国内外不约而同地出现了一些质疑的声音,认为中国经济高速增长掩盖了很多结构、政策和体制缺陷,人口老龄化、资源短缺化、环境恶化等问题成为制约中国经济发展的深层次原因,中国陷入"中等收入陷阱"不可避免。毫无疑问,理性看待中国经济新特征保持战略定力,增强改革和发展信心,采取积极有效的宏观调控措施,

---

① 《习近平关于全面建成小康社会论述摘编》,中央文献出版社,2016,第22页。

是回击这些质疑的最有力武器。

面对国内外经济形势日渐复杂,如何寻找到持续增长的出路是摆在中国面前的一大考验。治大国若烹小鲜。要实现国民经济"稳中求进"的目标,必须抓住经济发展过程中的主要矛盾,重视政策工具的科学组合和搭配。能够从复杂的经济形势中抓住主要矛盾,以解决主要矛盾为龙头,就能化繁为简,化复杂为便捷,避免陷入"头痛医头、脚痛医脚"的窘境。也就是说,抓住经济发展的"牛鼻子",就能统领全局,引导国民经济持续稳定发展。以鼓励民间投资和居民消费为政策核心,充分激发民间经济和居民消费的巨大活力,从而为国民经济的持续稳定发展找到更为持久的动力。如果从历史的角度来看,我国目前的经济下行有一定的必然性和合理性,符合经济规律的自我调整。经过改革开放40多年的发展,我国的经济体量已经跃居世界第二,总量超过了10亿美元。总量基数的迅速膨胀,使得经济继续保持高速增长的可能性就会下降。考虑到我国目前的人均GDP仅及美国的1/7左右,未来发展的空间依然十分广阔。在经济新常态下,面对各种困难和问题,必须要有改革创新、攻坚克难的信念。目前,改革已经进入"深水区",继续深化各项改革必然要涉及一些重大利益关系的调整,这需要进一步加强顶层设计,本着以民为本的原则,协调好各方利益关系。改革需要新思路、新办法。"一带一路"倡议、京津冀协同发展战略、供给侧改革等,就是改革创新的最好体现。中国改革没有完成时只有进行时,改革恰恰是过去、现在,也必将是未来相当长时期内中国保持持续稳定发展的最大动力。因此,中国的制度完善与发展也远未结束,体制改革的空间依然很大。例如,比如强化政治体制改革与经济体制改革的协调性,提高决策的科学性和规范性等,这是避免陷入"后发劣势""中等收入陷阱"的根本之道。挖掘经济新潜能、培养经济新动力，是推动经济持续发展的关键。在传统要素驱动逐渐消退后，要尽快走上创新驱动的道路。目前，科学技术在我国经济增长中的贡献率已经超过了50%，一大批新技术、新产品、新业态、新商业模式大量涌现，正在成为推动我国经济发展动力从要素驱动向创新驱动转变，打造经济"升级版"的新动力。大众创业、万众创新活动成效显著，近两年来，每天新注册企业数量都超过了1万家。在投资需求、国内消费需求和国外消费需求"三驾马车"出现低迷的时候，采取多种手段，提振投资信心和消费信心。

## 三 走出"中等收入陷阱"之本

### （一）发挥中国特色社会主义制度的协调性优势

中国特色社会主义制度对于各种不同的利益关系和社会力量具有协调和整合功能，作为一种与生产关系相适应的规范体系，在社会资源和财富的合理配置、防止和减少各种社会力量的内耗、形成促进社会发展的"合力"等方面，展现出了集中力量办大事的优越性。在经济和社会发展中，党和政府始终是社会动员的引导者和组织者，政府既要对社会管理发挥重要作用，也要动员全社会包括各种社会组织参与到社会治理中来。民主加集中的模式不仅可以广泛听取意见，而且可以形成统一的意志，组织调动一切经济社会政治资源，同心同德、同舟共济、上下贯通、统一行动，重点攻关解决难题，快速高效应对社会发展中的各种矛盾和问题。社会主义制度或者其最高形态共产主义制度，出发点是共同富裕，人民普遍受益，保护社会大多数人的利益，这种凝聚社会力量的作用大大增强了我国在面临危机和挑战时的能力，从根本上保障了公共利益和社会利益，实现了个人利益和集体利益、局部利益与整体利益、当前利益与长远利益的有机平衡。当今世界正处在一个大发展大变革大调整时期，给我国的发展带来了机遇也带来了挑战。中国制度发挥出了集中力量办大事的优势，有效应对各种突发事件和危机，确保了国家长治久安，实现了人民安居乐业，促进了社会和谐。这也是中国之所以能在当今世界深刻变动和激烈竞争中稳步发展的一个重要因素。

### （二）发挥中国特色社会主义制度的系统性优势

近代以来，中国制度的形成有一个基本特征，就是通过革命来实现制度的变换以新制度替代旧制度。中国特色社会主义制度是建立在中国共产党领导的新民主主义革命的基础上，是"摸着石头过河"和理性设计演变的结果。中国特色社会主义制度是成套的设备，有着维系国家的内在统一、保持国家整体转型与发展的重要使命，分为以下三个层面。其一，国家制度。指一个国家统治阶级确立的基本规范体系，包括国体和政体，其中国体处于根本地位，决定着政治体制和其他一系列制度。与西方国家不同的是，我国在论述国家制度的过程中不回避国家制度的阶级属性，强调这一点，对分析中国特色社会主义制度至关重要："不掩盖社会矛盾，不用强制的因而是人为的办法从表面上制止社会矛盾的国家形式才是最好的国家形式。能使这些矛盾进行公开斗争，从而获得解决的国家形式才是最好的国家形式"。[①] 其二，社会制度。不同的社会制度体现不同的社会性质，并最终由根本制度所决定，是指建立在一定生产力之上的经济制度和上层建筑的统一。这种统一是具体的、历史的，同时也是复杂的。其三，指具体的政治、经济、文化、社会制

---

[①] 《马克思恩格斯全集》第5卷，人民出版社，1958，第157页。

度体系。这种体系通常是指人们单独使用政治制度或经济制度来指国家政治或经济方面的价值取向及其体制安排，同时也包含各项制度之间构成的体系及其整体性的内在逻辑关系。

### （三）发挥中国特色社会主义制度公平性优势

制度不仅规范和约束人们的选择性行为，而且通过调节社会群体的利益关系达到促进社会和谐的目的，善治需要"善制"。公平正义既是一种价值追求，也是人类文明发展的产物。美国政治哲学家约翰·罗尔斯曾指出："正义是社会制度的首要价值，正像真理是思想体系的首要价值一样。"[1] 在社会主义从空想到科学、从理论到现实的历史发展过程中，消灭剥削和压迫，实现社会主义公平正义，使人的解放更全面更彻底是中国特色社会主义制度的基本追求。构建公正合理的基本社会制度，是每个人实现解放的基本途径与有效方式。"不论处在什么发展水平上，制度都是社会公平正义的重要保证。我们要通过创新制度安排，努力克服人为因素造成的有违公平正义的现象，保证人民平等参与、平等发展权利。要把促进社会公平正义、增进人民福祉作为一面镜子，审视我们各方面体制机制和政策规定，哪里有不符合促进社会公平正义的问题，哪里就需要改革；哪个领域哪个环节问题突出，哪个领域哪个环节就是改革的重点。对于制度安排不健全造成的有违公平正义的问题要抓紧解决，使我们的制度安排更好体现社会主义公平正义原则，更加有利于实现好、维护好、发展好最广大人民根本利益。"[2] 促进社会公平正义、增进人民福祉不仅是中国特色社会主义制度的内在要

---

[1] 〔美〕罗尔斯：《正义论》，何怀宏等译，中国社会科学出版社，2001，第66页。
[2] 《十八大以来重要文献选编》（上），中央文献出版社，2014，第553~554页。

求，也是制度完善与发展的根本性、方向性问题。公平正义的制度可以保障人们的各项基本权利，有助于理顺政府、企业、社会和公民的关系，有助于调节人与人、人与社会、人与自然的关系。只有制度的公平正义才会使人们对制度有合理的预期，才会心甘情愿地认同和接受制度，并自觉地按照这个制度规范自己的行为。社会的公平正义不仅关注社会成员的权利和利益是否得到合理配置，还重视发展过程的人人共建、发展成果的人人共享。中国特色社会主义制度发展历程是不断追求和实现公平正义的历程。在推进中国特色社会主义伟大事业过程中，中国共产党把促进社会公平正义作为核心价值追求，着力推进基本公共教育服务均等化、合理调节收入分配关系、加快推进多层次社会保障体系建设和覆盖城乡居民的多层次医疗保障体系，创建更加和谐友爱、公平正义的社会环境，保证人民共享发展、平等受益的权利；按照全面推进依法治国的总体战略部署，通过科学立法、民主立法实现良法善治，稳定社会秩序，解放和增强社会活力，发挥司法促进公平正义的屏障作用，维护社会和谐稳定，确保党和国家长治久安。

### （四）发挥中国特色社会主义制度开放性优势

中国特色社会主义制度的开放性，根本体现于对科学社会主义原则的坚持和体制机制创新的统一。中国特色社会主义制度是中国共产党人在对社会发展规律的深刻认识和把握的基础上探索形成的成果，必然会随着社会历史条件的演进而变化。在实践中，不断用好的制度来革除过时的制度，用优良的制度环境来取代积弊的制度环境，为中国特色社会主义的发展提供科学、健康、规范、进步的制度保障。在坚持民族性的基础上对其他制度文明的吸收借鉴，在"变"与"不变"的结合中把握方向不动摇，既不能走改旗易帜的邪路，也不能走封闭僵化的老路。不断发展和完善中国特色社会主义制度，必须始终坚持以改革开放为动力，体现时代性、把握规律性、富有创造性、着眼实效性。体现时代性就是要紧紧把握住时代主题，在深刻认识中国特色社会主义制度赖以确立的理论、历史和现实依据的基础上，深刻把握中国特色社会主义制度的特色、优势和价值，扩大制度认同，夯实制度根基；把握规律性，就是要牢牢把握党的执政规律、社会主义建设规律、人类社会发展规律，赋予中国特色社会主义制度以新的内容；富有创造性就是坚持以改革开放为动力，努力使各方面制度更加成熟、更加定型，不断在制度建设和创新方面迈出新步伐。

制度自信，并不意味着对制度发展的一成不变。以习近平同志为核心的党中央领导集体提出要在2020年实现全面建成小康社会的目标，这就要求制度保障进一步完善，不断推进制度建设。具体表现在政治体制改革、经济体制改革、与社会建设、党的建设方面。政治体制改革是全面深化改革的重要组成部分。党的十八大报告指出："要把制度建设摆在突出位置，充分发挥我国社会主义制度优越性，积极借鉴人类政治文明有益成果，绝不照搬西方政治制度模式。"新时期，政治体制改革的目标在于扩大社会主义民主政治，保障人民当家做主权利的实现。这就要求我们在改革的历史进程中，坚持并完善人民当家做主的根本政治制度，健全人民行使国家权力的人民代表大会制度，推进民主协商制度和基层民主制度的深入全面发展，健全基层党组织领导下的基层群众自治组织，保障人民享有更多的切实的民主权利；深化司法体制改革，完善社会主义法制体系，坚持和完善社会主义司法制度；健全权力制约和监督机制，保障人民知情权、参与权、表达权、监督权。坚持党的领导、人民当家做主和依法治国的有机统一，保障人民当家做主权利的实现。进一步深化市场经济改革，完善市场经济模式。经济建设是兴国之要，发展仍然是解决中国所有问题的关键。只有推动经济的健康持续发展，才能实现国家的繁荣富强、社会的和谐稳定。当前，我们应该进一步推动经济体制改革，实现居民收入增长和经济发展同步；要建立经济增长的正常机制，保证劳动者在经济发展中享有与此相等的分配额；加快户籍制度改革，推进城市化进程，推动城乡一体化共同发展；推动经济发展方式转变，把我国的经济活力和竞争力推向新的水平。在社会建设方面，要向治理体系和治理能力现代化的目标继续前进。在领导机制、协同机制、参与机制等方面进一步制度化、系统化，提高公共服务水平和能力建设，形成责任明晰、运行高效的现代化组织体系，促进社会治理机制和管理体系的现代化。

## 第二节　建立制度自信走出"塔西佗陷阱"

政府是向人民传达、解释并贯彻执行国家大政方针政策的权威机构，提高制度治理的现代化水平对政府的执政能力和执政行为提出了更高的要求，如果政府由于处理公共事务不当而失去了公信力，那么无论制度是否改进、如何改进都难以得到人民的支持与信赖。中国特色社会主义制度不仅仅是为人民创造更多利益，如何实现利益共享才是制度自信的重点。

### 一　"塔西佗陷阱"形成的原因及特点

"塔西佗陷阱"是以古罗马的哲学家普布里乌斯·克奈里乌斯·塔西佗命名的。在论述民众对政府执政的信任问题时，塔西佗曾说：当政府部门失去公信力时，政府的任何行为和言论都不会被民众认可和接收，失信于民是政府执政的困境。这就是"塔西佗陷阱"的定义。当前基于特殊的历史原因，人民群众对于党和政府大部分是信任的，但是对基层政府信任度较低。所以，"塔西佗陷阱"在基层政府的执政过程中表现得尤为明显。这一情况在近年来一系列群体事件爆发过程中表现得尤为明显，当基层政府遇到公信力危机时，无论政府发出什么样的声音，颁布什么样的政策，采取什么样的措施，社会上都会给予其负面的评价。在当前的社会背景下，由于利益不均衡引发的社会矛盾问题日益突出，加之基层政府同某些公共利益的纠葛，对特定公共事件的处理不是很谨慎，或者工作中出现一些疏漏等，都容易导致群众信任的丧失。但是，又缺乏相对应的补救方案，以至于无论是真的还是假的，公众都认为是假的，最终陷入"塔西佗陷阱"的泥沼。

基层政府机关形成"塔西佗陷阱"的主要原因是公信力的下降。在新媒体时代，每一个人都是信息发布的一个发布源，计算机和智能手机的普及加快了信息传播的速度，把基层政府及工作人员的一系列行为暴露在了社会公众视野当中。一些矛盾和问题通过舆论媒体的传播和放大，传播力和影响力有时会远远超出事件本身的影响，从而容易误导公众的判断，导致公众对基层政府的不信任，从而形成"塔西佗陷阱"的舆论土壤。

基层政府政策的制定缺乏连续性和稳定性，地方政策和党的大政、方针、政策相违背，公共政策的价值取向和公众利益相违背，政务公开和政策的透明度不够的情况，会在广大人民群众中产生不良的影响。从而造成基层政府的声誉和形象被削弱，导致政府公信力降低。然而，当政府公信力下降到一定程度之后，社会民众就会对政府工作产生不满，日常工作的开张也就无从谈起，甚至会陷入一定的纠纷和冲突之中，从而陷入"塔西佗陷阱"的困境。"塔西陀陷阱"所产生的影响往往是毁灭性的，基层政府机关往往一个处置不当的决策就容易对自身的公信力产生毁灭性的打击，而公信力的重新塑造往往又需要花费很大的时间和精力，对社会资源造成极大的浪费。

"塔西佗陷阱"现象是媒介化社会的一个特殊产物，在社会转型时期同群众的特殊心理相适应。具体而言，"塔西佗陷阱"现象的产生一般会呈现如下几种特征：突发性和复杂性，公共危机事件发生的条件一旦形成，就会因为极小的事件爆发，而且往往很难被政府机关准确分析和识别，对于发生了一段时期的事件，政府也很难获得第一手真实的信息，做出研判；负面性与破坏性，在一些危机事件的处理过程中，如果政府部门不能采取有效的处理措施，很好地解决问题，同时又由于缺乏公共关系危机事后处理和追踪机制，很可能造成事件的再次发生，甚至有可能比开始危机更甚；潜伏性，"塔西佗陷阱"的发生往往有一个很长的潜伏期，都是由于长久以来，政府政策失当，和民众之间沟通不畅造成的，一旦遇上诱因就会爆发；广泛性，随着新媒体的广泛应用，信息传播渠道多样化发展，突发危机事件参与的人员越来越多，已经不再仅仅局限于一地，如果基层政府处理不当，就有可能影响周边政府工作的正常运转；可持续性，"塔西佗陷阱"的发生不仅会影响基层政府机关的日常工作，还可能在广大人民群众中造成一种思维习惯，再次遇到相似事件时，他们会习惯性地对政府机关产生不信任感，抵制政府机关的正常工作。

## 二 基层政府机关在危机管理中的制约性因素分析

### （一）缺乏公共危机意识和社会控制能力

当前我国经济社会正处于转型期，基层政府传统的执政经验和执政能力建设跟不上社会形势的变化。基层政府公职人员群众意识淡薄，公信力建设不足，忽视公共关系的处理。一旦公共危机事件突发，往往只是注重眼前危机的应付处理而忽视了对新危机的预防，更不具备防患于未然的危机意识，缺乏危机治理源头处理的有效能力。在新的社会体制取代旧的社会体制的过程中，人民群众的思维方式、行为方式和工作方式发生了重大变化，群众维权意识、法治意识和危机意识越来越高，司法监督和舆论监督的力度越来越大。在这个过程中，加之基层政府机关社会控制能力减弱，基层领导干部只重视常规工作，对涉及公共危机事件的舆论和信息媒体不够敏感甚至淡漠，错过了最佳处置事件的时机，因此，无法妥善处置危机。

### （二）缺乏必要的公共关系危机管理机制和预警机制

处理危机最好的方法是在危机发生之前能够对危机做出科学的预判。预警机制是政府机关采用机构、网络、举措等定性和定量的方法监测和评估危机的潜伏状态，启动信息的超前反馈和公共关系危机预警应急预案，通过事前控制将危机消灭于萌芽之中。我国预警机制起步较晚，1996年的《中华人民共和国戒严法》是我国首部应对各类突发事件的法规性文件，2007年，《中华人民共和国突发事件应对法》第一次系统地规定了公共危机的处理，这部法规的出台标志着我国公共预警机制建设正式走上正轨。当前基层政府对公共危机的处理还仅仅是注重处置，危机一旦发生了，首先想到的是集中力量去解决，而做不到事前的预防。大部分政府应对危机的决策还是简单地依靠领导人的判断和经验，科学的管理体制和预警机制在广大基层中仍然没有建立起来，不能及时传递危机，相关部门也无法迅速做出反应和正确决策，加上处置策略不合适，很容易导致危机的规模扩大，最后难以靠自身的力量解决。

**(三) 信息收集渠道有限，控制舆论能力不强**

网络媒体的发展给政府有效掌握信息、及时控制舆论带来了挑战，造成了政府处理公共关系问题的被动局面。由于基层政府缺乏对新媒体的重视程度和掌控能力，而相对应地，社交软件的不断发展使信息传播渠道日益多元化，信息的原始性难以保证，信息的扭曲和漏损较突出，基层政府部门信息收集的专业化程度不高，信息分析不规范。原始信息无法真实及时地被政府发现，因而政府往往掌握不了信息分析、危机处置的主动权。基层政府在面对媒体问题时，更多的是消极被动地回答问题，特别是与媒体沟通的方法和手段跟不上形势的发展，直至今天，仍由政府在面对媒体时习惯性地用行政命令去处理与媒体的关系，而不能够充分地应用媒体，发出自己的声音，传递有效信息。当民众对政府的公信力产生怀疑时，有些基层政府首先想的不是加强与群众关系建设，从加强自身执政能力建设出发应对矛盾和问题，反而是用各种手段限制媒体发出声音，这样往往适得其反，导致事件偏离正常处理程序。

## 三 推进中国特色社会主义制度治理的现代化

党的十八届三中全会明确提出"'完善和发展中国特色社会主义制度，推进国家治理体系和治理能力现代化'是全面深化改革的总目标"。[①] 这一论断是从公共管理理论的层面对改革开放以来我国现代化建设中的成功经验进行了全方位的总结，同时也表明我国在

---

① 《十八大以来重要文献选编》（上），中央文献出版社，2014，第 873 页。

现代化进程中将更多运用治理的手法主动回应所面临的各项严峻挑战。进入21世纪以来，我国社会发展进入改革的关键时期，经济转型问题亟待解决，社会结构性问题日益突出，社会矛盾进入爆发的高峰期，群体性事件也日益增多，官员的贪腐问题日益严峻，导致社会大众对政府的满意度不断下降，社会的和谐稳定遭受到了极大的挑战。近几年来，社会公共危机事件越来越多、愈演愈烈，从发生在江苏的"启东事件"、山东的"平度征地案"以及"海口事件"到"仙桃事件"等，在社会对政府信任度降低和新媒体时代舆情越来越难以管控的时代背景之下，政府公关危机层出不穷，政府的公信力受到越来越大的挑战，"塔西佗陷阱"问题已经成为政府在执政过程中不得不面对的问题。

治理是一个自上而下和自下而上的互动过程，制度治理是通过合作、协商、博弈等方式来实现政府与公民对公共生活的合作管理，善治是公共利益最大化的社会治理过程，善治需要善"制"，制度治理对政府与社会关系、权力资源配置方式、治理理念都提出了相应的要求。多元主体共同参与社会治理使政府从传统管理一元主体中解脱出来，减轻了政府的管理任务和财政负担，从而集中精力致力于宏观调控和公共服务。多元主体并不意味着否定党委领导地位，而是政府部门、企事业单位、群团组织、社会组织、社区组织和公民个人都是治理的主体，共同参与社会生活和公共事务的治理。探寻构建公共部门与其他公共事务治理主体间的良性互动关系，达到治理主体之间的权责平衡，尽可能实现整个社会利益共享是制度治理现代化的关键所在。制度治理要求改变管理工具和传统管理方式，继续发挥传统的行政手段和法律手段在社会事务和公共生活的作用，同时利用公平竞争和等价交换等市场机制、文化调节、公益慈善等来提供公共服务，完善社会治理形式。

保障民生利益共享是制度治理现代化的本质要求。积极为公民提供参与治理的渠道如创新公共政策听证制度，尤其要向弱势群体倾斜，使其利益诉求得到有效倾听。党的十八大报告指出："必须从维护最广大人民根本利益的高度，加快建全公共服务体系，加强和创新社会管理，推动社会主义和谐社会建设。"[①] 进一步划分中央和地方的财权、事权、人权以解决资源配置不均的问题，教育资源、卫生资源在区域之间、城乡之间的配置不均很大程度上影响了人们享有公平竞争的机会。财政资源配置不均、民生支出不公所带来的直接后果是损害社会弱势群体的基本社会利益，有碍社会的公正和谐。畅通参与渠道，保障人民群众的知情权、参与权、监督权，把人们的建议、知识或信息输入集体决策过程中，建立事前社会矛盾预警机制、健全事中社会矛盾调解处理机制、完善事后社会矛盾考评机制，打破部门之间的利益藩篱、化解政府与社会的边界隔阂，调动多元主体的积极性，实现政府间、部门间、各类组织间的协同合作，将推动解决现阶段层出不穷的公共治理难题。

## 第三节　强化制度自信识破"修昔底德陷阱"

20世纪以来世界就形成了中西制度并存的局面，中西两种制度孰优孰劣的争论持续至今。中国特色社会主义制度自信不是在舆论中形成的，而是在对资本主义制度的全面超越和创新发展中形成的，只有不受制于人、牢牢掌握发展的主动权，全面印证制度的优势才能强化制度自信。

---

① 《十八大以来重要文献选编》（上），中央文献出版社，2014，第27页。

## 一 中美两国之间的"修昔底德陷阱"

"修昔底德陷阱"是指一个新兴国家崛起之后必然对既有大国形成威胁与挑战,既有大国也会主动回应新兴大国的挑战,从而导致大国之间的冲突和战争不可避免,这是古希腊历史学家修昔底德在《伯罗奔尼撒战争史》中研究斯巴达和雅典之间的战争时,所得出的一个著名历史性结论。然而,西方部分学者忽视了修昔底德对伯罗奔尼撒战争的原因和过程所做的详细分析,只从结论就得出"国强必霸"的片面结论,认为在当今世界国际政治关系中,"修昔底德陷阱"主要是指中国在发展过程中对美国超级大国地位的挑战与威胁。按这个逻辑推理,落后国家、发展中国家不能发展,不该发展,无论怎样发展都会对发达国家造成潜在的或真实的威胁,只要发展起来就会挑战现存的西方强国,就必然会引起国际秩序的混乱。西方国家在国际社会抛出中国"威胁"论,压制中国的发展,剥夺发展中国家的发展权才是"修昔底德陷阱"真正的陷阱。

## 二 中国特色社会主义制度对资本主义制度的超越

综观人类的制度发展史,原始社会解体之后人类经历了几千年的阶级社会,社会制度表现为剥削阶级对被剥削阶级的阶级统治关系,奴隶主、地主、资产阶级都因为有生产资料的控制权而对多数社会成员进行奴役控制和剥削,社会不平等、不公正的价值格局在一定时期内长期存在。直到社会主义制度的建立和发展,人与人、人与自然、人与社会和人与自身的矛盾对立关系出现了新的变化,开启了人类制度发展的新时代,实现了对人类以往一切社会制度的历史性超越。

中国特色社会主义制度是社会主义制度的新发展,它继承了马克思恩格斯列宁主义关于社会主义制度的开创与探索，结合中国实际，经过毛泽东邓小平等几代领导人的艰辛探索，形成了具有中国特色、符合中国实际的中国特色社会主义制度。它不仅仅是对之前阶级社会人压迫人、人剥削人的制度的否定，更是对世界政治文明发展的重大贡献。人类历史上曾经有过多次高级的政治制度取代原先的政治制度的情况，但是人压迫人、人剥削人的制度本质并没有变化，先前的制度维护的都是统治阶级的利益。社会主义制度的创立，彻底否定了之前阶级社会人压迫人、人剥削人的制度属性。中国特色社会主义制度在这一基础上，以一种独特的、崭新的制度面貌出现在了人类社会的政治舞台上，它建立了一种具有质的区别的崭新的社会制度。

改革开放以来，我们取得的一系列成就充分说明了公有制的优越性，中国特色社会主义制度可以实现生产力的巨大发展，而不是低水平的平均主义。在社会主义公有制条件下，明确了劳动者在生产中的权利与责任，客观上为社会生产力的发展提供了强大的动力。生产资料公有制改变了人们在财产占有关系上的不平等地位，在产品分配上实行按劳分配的原则，多劳多得、不劳者不得食。但承认因资源禀赋不同、个人能力大小所造成的差异，鼓励通过诚实劳动合法经营而获得相应的报酬，把按生产要素分配作为实现共同富裕的重要手段，避免两极分化，体现了广大劳动人民的根本利益，反对以资为本、以权为本，中国特色社会主义制度适应了现阶段社会生产力和生产关系矛盾运动的客观要求，追求社会公正、社会平等、全面发展。中国特色社会主义制度的根本目的在于消除私有制条件下人与人之间生产和生活资料占有的不平等，使私人利益和公共利益从根本上不再分裂。

中国特色社会主义制度最鲜明的特点是人民当家做主。党的十八大报告中指出:"人民民主是我们党始终高扬的光辉旗帜。改革开放以来,我们总结发展社会主义民主正反两方面经验,强调人民民主是社会主义的生命,坚持国家一切权力属于人民,不断推进政治体制改革,社会主义民主政治建设取得重大进展,成功开辟和坚持了中国特色社会主义政治发展道路,为实现最广泛的人民民主确立了正确方向。"[1] 唯物史观承认千百万人在历史发展中的主动性和主体力量,他们是社会进步的真正动力。因此,国家权力的主体应当而且必须是广大人民群众。但是,在社会主义制度之前,政权都是掌握在奴隶主、大土豪和资本家的手中,人民群众一直是被压迫、被剥削的对象。即使在标榜追求民主和自由的资本主义社会,广大人民群众一直都不是国家权力的主体。而社会主义制度把财产多寡、地位高低的标准排除在政治治理过程之外,使广大人民群众真正独立地、自觉地创造了自己的社会。国家的意志和民众的意志在一定程度上达到了统一,人民群众可以通过多种渠道监督国家权力的运行,具有了对国家政治生活和政治活动干预、变革的主动权。

列宁曾指出:"那些似乎是全民的、全民族的、普遍的、超阶级的民主而实际上是资产阶级的民主的口号,不过是为剥削者的利益服务,只要土地和其他生产资料的私有制仍然存在,最民主的共和国都必然是资产阶级专政,是一小撮资本家镇压占大多数的劳动者的机器。"[2] "无产阶级专政是达到真正的平等和民主,达到实际生活中的而不是写在纸上的平等和民主,经济现实中的而不是政治空谈中的平等和民主的唯一步骤。"[3] 这就从理论和逻辑上,肯定了社会主义制度是建立在对资本主义制度的扬弃、否定基础之上的。

---

[1] 《十八大以来重要文献选编》(上),中央文献出版社,2014,第19~20页。
[2] 《列宁全集》第36卷,人民出版社,2017,第82页。
[3] 《列宁全集》第37卷,人民出版社,2017,第210页。

20世纪，是社会主义在中国大力发展的伟大时期，在总结以往的历史经验的基础上，在历任领导集体不断探索和发展的推进下，中国社会主义建设走上了适合自身发展的成功之路——中国特色社会主义。我们党确立了发展社会主义民主政治的根本点，坚持中国共产党的领导地位不动摇，坚持依法治国基本方略，确保人民当家做主权利的实现。

社会主义制度作为超越和远远优越于资本主义制度的新的政治文明形态，其超越性在于批判、吸收人类制度文明的优秀成果并积极借鉴人类制度建设经验进行改革和完善。

### 三　马克思东方社会理论在中国的新发展

马克思在揭示人类社会发展规律时并没有把视野局限于西方社会。"只有在资产阶级社会的自我批判已经开始时，才能理解封建的、古代的和东方的经济。"[1] 马克思晚年开始探讨东方社会的社会结构和发展道路，并指出人类社会发展总是特殊性和普遍性辩证统一的过程，每个国家的发展都不能脱离历史发展的趋势和潮流，也会呈现本国与他国相比、此时与彼时相比的特殊性，而这些特殊性丝毫也不是对发展规律的否定，相反，是一般发展规律的具体表现。"资产阶级，由于开拓了世界市场，使一切国家的生产和消费都成为世界性的了"，[2] 民族历史开始向世界历史转变，"每个文明国家以及这些国家中的每一个人的需要的满足都依赖于整个世界，因为它消灭了各国以往自然形成的闭关自守的状态"。[3] 马克思在"历史向世界历史的转变"的时代背景下观察和分析东方社会的现

---

[1] 《马克思恩格斯选集》第2卷，人民出版社，2012，第706页。
[2] 《马克思恩格斯文集》第2卷，人民出版社，2009，第35页。
[3] 《马克思恩格斯选集》第1卷，人民出版社，2012，第194页。

实，着重分析了俄国的特殊社会历史条件，提出了实现社会发展的"跨越论"。马克思用矛盾的普遍性与特殊性分析了世界历史进程，也分析了东方社会发展道路，提出了新旧社会主体的衰落与崛起这一历史规律。

从17世纪40年代英国资产阶级革命开始，经过120年复辟与反复斗争，18世纪60年代，英国资产阶级才在政治上站稳脚跟，资本主义生产方式才稳固地占据统治地位，在这之前，资本主义生产方式并没有与之相适应的生产力，在这之后，当资本主义制度取得统治地位之后，开始着力发展生产力。这时，正值人类历史上第一次产业革命爆发。资本主义的发展给世界带来了宪政体制、公民社会和福利国家等现代思想资源，其创造的物质财富是之前任何社会无法实现的。但在进入帝国主义阶段之后，资本贪婪、扩张的本性暴露无遗，给殖民地半殖民地国家带来了深重的灾难。而西方世界资本主义的无限扩张和民主政治的虚伪性，已经不可避免地进入"物壮则老，水满则溢"的阶段了，西方文明每往下走一步都将不可避免地走向自己的对立面，文明的衰落在西方发展史上得到了充分体现。中华文明的生命力和生生不息正好就体现在善于根据时代变化而不断吸取人类先进思想，而在学习和接纳的过程中坚持独立自主，经过引进、消化、吸收和创新，最终将外来的先进思想转化成为中华文明的一部分。在世界多极化格局中，中西文化互学互鉴，中国特色社会主义制度积极吸收了西方文明中的个体独立意识、社会契约意识、权力制衡、法律至上等思想，运用中国文化的智慧创造出中西合璧的崭新人类文明。

# 第五章　中国特色社会主义制度自信的展望

中国特色社会主义制度作为比资本主义制度更高级的政治文明形态，具有深远的发展潜力。只有深深植根于中国特色社会主义的伟大事业中，中国特色社会主义制度才会获得长远的发展，就这点来看，全面深化改革为制度自信奠定了坚实的现实基础，只有继续发展才能巩固自信的根基。同时，要坚持以理论创新推动制度创新。在中国特色社会主义制度发展完善的过程中，还要注重话语体系建设，真正用中国特色社会主义制度"为了谁"的发展理念来引领时代。

## 第一节　全面深化改革是增强中国特色社会主义制度自信的必由之路

制度的科学性、先进性和优越性是巩固、增强制度自信的力量源泉。中国特色社会主义制度是随着改革开放的伟大历史进程发展起来的，改革开放取得的伟大历史成果是中国特色社会主义制度自信的根本依据。在新的历史条件下，增强中国特色社会主义制度自信必须加强制度建设，并进一步完善与革新。国家治理体系和治理能力的现代化要依靠完善和发展的中国特色社会主义制度来实现，制度完善与发展的关键是改革的深化与继续。全面建成小康社会的伟大历史时期，也是各方面制度更加成熟和更加定型的时期。党的十八大提出制度自信后，对制度如何实现与发展在实践上进行了战略部署。中国特色社会主义制度是中国共产党改革开放的伟大历史成果，这一制度的继续完善也必须紧紧围绕着改革这一历史命题而展开。

## 一 全面深化改革为增强社会主义制度自信奠定了物质基础

人民是否对社会主义制度充满信任主要取决于三点：生产力的发展水平有无提高、群众的生活质量有无改善、国家的综合国力有无增强。邓小平同志曾批判把贫穷当作社会主义，把发展太慢当作社会主义的错误认识。1956年，我国就确立了社会主义制度，但是在党的十一届三中全会之前，由于对生产力和生产关系之间、经济基础和上层建筑之间的矛盾关系认识不透彻、处理不正确，社会主义建设在初期遭受了巨大的挫折。在温饱问题尚不能解决、人的基本生理需求还未能满足的情况下，无法说明社会主义制度的优越性。党的十一届三中全会确立了改革开放的伟大历史命题，抓住了解放社会生产力这一根本性的核心力量。改革开放40多年来，物质财富极大地增加，我国的经济发展创造了"中国奇迹"。在2010年，我国经济总量更是超越日本，一跃成为世界第二大经济体。随着综合国力的不断提升，我国在世界上的影响力和号召力也在不断地加大。事实是最顽强的证明，是说明一切的依据。在改革开放40多年来的实践中，中国共产党带领自强不息的中国人民创造出了一系列具有中国特色、中国风格的令世界瞩目的伟大成果，为世界发展提供了中国道路和中国经验。这在世界社会主义运动陷入低潮的历史时期，更显得气魄宏大、一枝独秀。20世纪80年代末90年代初，世界社会主义运动遭受严重的挫折，苏联由于错误的改革方向，陷入了分崩离析的境地，黯然退出了历史舞台。其他东欧国家在改革的过程中，效法苏联，也不免遭受了重大挫折。这一惨痛的历史告诉我们：改革具有极大的风险，改革的成败直接关系着党和国家的发展走向、生死存亡。在这场世界社会主义运动的大潮中，中国的社会主义经受住了考验，彰显出了顽强的生命力。在世界社会主义运动陷入低潮以后，资本主义国家的发展也并不是一帆风顺，而是爆发了影响全球的世界性金融危机。资本主义国家暴露出了其制度的一系列问题和弊端，经济发展陷入困境，社会矛盾日趋尖锐。近年来，西方民粹主义的兴起就是对资本主义制度的弊端和局限性的最好说明。相反，中国却在这一金融浪潮的冲击中发挥了巨大的制度优势。在政府有力的宏观调控下，中国不仅平稳地渡过了危机，还对世界经济的复苏繁荣做出了巨大的贡献。在重大自然灾害发生时，这一制度的优势最能使我们切身地体会到。因为它能够调动广大人民群众的积极性、创造性、主动性，最大限度地整合、利用资源以降低灾难带来的不良影响。党的十八大报告中总结了党的十七大以来我们取得一系列成就："经济平稳较快发展，改革开放取得重大进展，人民生活水平显著提高，民主法制建设迈出新步伐，文化建设迈上新台阶，港澳台工作进一步加强，外交工作取得新进展，党的建设全面加强。"这些成就正是在中国特色社会主义制度的保障下取得的，也从另一个方面向世人展示了中国特色社会主义制度的优越性。

在中国共产党成立100年时中国特色社会主义制度将完成全面建成小康社会的奋斗目标，在新中国成立100年时中国特色社会主义制度将实现建成富强民主文明和谐的社会主义现代化国家的奋斗目标。这两个宏伟目标的实现，需要在进一步深化改革开放的进程中，依靠生产力水平的提高来达到。在《中共中央关于全面深化改革若干重大问题的决定》中，中央从经济、政治、文化、社会、生态、执政党等十五个方面做出了全面深化改革的具体战略部署，其中经济体制改革是全面深化改革的火车头。其主要内容是：进一步处理好政府与市场、经济基础与上层建筑的矛盾关系，从而为生产力的大解放和大发展提供制度基础。到 2021 年即建党 100 年时，中国特色社会主义制度的成熟和定型必将推动"两个一百年"奋斗目标的实现，让全国人民得以共享中国发展的伟大成果。改革永远处于进行时而没有完成时，中国特色社会主义制度的形成不是一蹴而就的，而是在发展中不断修正、完善的。随着改革开放事业的不断向前推进，中国特色社会主义制度这一根本制度在为改革开放伟大事业提供制度保障的同时，各个领域、各个方面的一些具体制度也暴露出了一些问题，引发了一些社会内部矛盾。当前，我们的改革已经进入了深水区和攻坚期，如何进一步转变政府职能，在户籍、土地、金融等制度方面进一步深化改革，是解决发展难题的重要方面，也是中国特色社会主义制度完善的重要内容。

## 二 发展才能巩固中国特色社会主义制度自信

"发展"是一个不断变化、不断发展的概念。中国的发展与制度自信紧密相关。新中国成立之后在国民经济短暂的恢复基础上，中国共产党提出通过生产关系的改造解放生产力，解决物质匮乏年代广大人民群众基本的温饱需求，发展意味着经济的快速增长要摆脱贫穷落后的面貌。然而主观愿望超出实际能力，这一切并没有带来物质生活的极大改善，中国陷入了经济举步维艰的境地。20 世纪 70 年代末人心思定思发展，中国共产党制定了社会主义初级阶段的发展战略，随着我国建设小康社会三步战略的全面推进，我国居民的温饱问题基本上解决了，从低水平的、不全面的、不协调的小康社会进入了总体的小康社会。社会主义市场经济制度的实行使中国保持了良好的发展势头。随着发展的推进，人民相信中国特色社会主义制度能继续满足需求形式多样、水平不断提高的发展。发展起来的中国，人民追求丰富多彩的精神生活，关心国家的政治建设，关注社会与自然协调发展，期待能够获得更好的社会保障、获得对外交流的机会。制度要在更大范围及更深层次上为实现发展提供轻松、自由、民主的环境和平台。中国特色社会主义制度致力于为人民的经济生活提供公平竞争的环境和机制，促进生产力的不断发展，不断积累社会财富，使群众生活质量和生活条件得到更大程度的改善，向着共同富裕的目标不断迈进。现阶段的发展问题已远不再是简单的经济增长问题，发展涉及教育、就业、社会保障、医疗卫生、收入分配等众多领域，要求制度从更高水平上对公民的受教育权、生命健康权、劳动权等生存权和发展权给予保护。

我国的经济实力、国际地位、人民生活水平已经取得了飞跃式的发展，发展是制度优越性的充分说明。中国特色社会主义制度与广大人民的根本利益是一致的，与人民对美好生活的目标向往相符合，因而可以赢得人们对社会制度的充分信任和美好期待，进而团结、激励人们建设强大的社会主义国家，不断发展、完善这一社会制度。在改革开放中，我国不断对束缚生产关系、阻碍生产力发展的各种僵化的体制机制进行改革，在各项具体制度上日益完善，不断释放发展的活力，不仅增强了中国特色社会主义制度的先进性和优越性，也从根本上坚定了中国人民的道路自信和制度自信。实践已经证明，无论是僵化封闭的老路还是改旗易帜的邪路，都不是中国特色社会主义制度发展的正确方向。中国特色社会主义制度自信只有在根本的和基本的制度框架保障下,在更全面地发挥出自身制度优越性的过程中才能充分展示出来。当前,在凝聚社会共识、激发发展力量的进程中,制度自信的不足是极大的消极影响因素。从世界范围看,中国用更短的时间、付出更小的社会成本,取得了与西方发达国家相同的成就,充分彰显了中国制度的优势,为制度自信夯实了现实基础。虽然在发展的过程中中国依然存在不少矛盾和问题,但依靠进一步地发展来解决矛盾和问题恰恰是制度自我革新能力的体现,我们有理由相信,未来的发展将会解决制度自信面临的种种问题。

## 第二节 不断推进制度建设和创新,落实制度自信

党的十八大报告指出:"必须清醒看到,我们工作中还存在许多不足,前进道路上还有不少困难和问题。发展中不平衡、不协调、不可持续问题依然突出,制约科学发展的体制机制障碍还挺多。"中国特色社会主义制度是当代中国发展进步的根本保障,不断推进社会主义建设,必须始终坚持和不断完善这一制度。坚持社会主义基本原则同适时地调整与变革相结合,是中国特色社会主义制度永葆活力的重要支撑,也是制度自信不断增强的内推力所在。

### 一 坚持解放思想、实事求是:制度创新的前提

从崇拜西方制度到仿效苏东体制再到迈向建设有中国特色的社会主义制度的过程,是解放思想、实事求是的过程。实事求是是中国共产党思想路线的核心,是认识和探索人类社会发展规律及中国特色社会主义建设规律的根本方法。解放思想是实事求是的前提,

是要破除对理论的教条式理解和公式化崇拜，将理论与实践的统一作为基本原则。解放思想不仅是解放生产力的重要动源，也是中国特色社会主义制度创新的前提。党的十一届三中全会以后，在邓小平同志的直接倡导下，我们在改革开放不久就掀起了一场"以实践是检验真理的唯一标准"的声势浩大的大讨论，实现了思想的大解放。经过这次思想大解放，一些长期形成的"左倾"思想被极大地清理了，套在人们头上的一些条条框框开始瓦解，广大人民群众的创造性思维被极大地释放出来，大大地推进了我国各项事业尤其是国民经济的空前发展。党的十三大提出了社会主义初级阶段理论，批判了"发展问题上的机械论"与"发展问题上的空想论"，把制度建设与认清社会发展阶段问题紧密联系起来。党的十五大以后，在解放思想的指引下，突破了对计划与市场关系在认识上的局限。

解放思想、实事求是是中国共产党自革命时期就形成的优良作风，也是实现制度发展的不竭动力。实践基础上的理论创新和思想创新引发制度创新，这是一种创造性的实践行为，是对习惯行为、传统观念的超越。从改革开放以来的现实国情，从中国特色社会主义制度的形成发展过程，从我们面临的大发展大变革出发，才能形成新思路，拿出新办法，解决新问题，不断取得改革的新突破，推动经济社会的新发展。解放思想的广阔路径是创造性实践，制度创新不是简单的拿来主义。从设立经济特区的逐步制度尝试、建设社会主义市场经济体制的勇敢创新，到基于党章的执政党制度建设和基于宪法的现代国家政治制度建设等，都表明要尊重实践、尊重群众，鼓励人们勇于实践、敢试敢闯，在实践中不断开辟认识真理的道路，把改革创新精神贯彻到治国理政的各个环节。人民群众是制度创新的主体，在解放思想的过程中，要从人民群众的首创精神中找到活水源头去挖掘人民群众的无限潜力,善于及时把人民群众的实践经验反映到制度建设中,把激发人民群众的创造活力作为解放思想的永续动力。党的十八届三中提出了全面统筹推进经济、政治、文化、社会、生态五大文明领域的制度改革总体方案。具体地说,为了推动经济更有效率、更加公平、更可持续发展,需要完善社会主义经济制度与改革经济体制;为了人民民主更加广泛、更加充分、更加健全,需要完善社会主义政治民主制度与改革政治体制;为了推动社会主义文化大发展大繁荣,需要完善社会主义文化制度与改革文化体制;为了确保整个社会既充满活力又和谐有序,需要构建社会主义社会管理制度与社会体制改革;为了推动形成人与自然和谐发展的现代化建设新格局,需要建设社会主义生态文明制度与改革生态体制。这一切的制度创新都是来自实践需要,都是对体制的除旧革新。习近平总书记在庆祝中国共产党成立95周年大会发表的重要讲话中指出:"时代是思想之母,实践是理论之源。实践发展永无止境,我们认识真理、进行理论创新就永无止境。今天,时代变化和我国发展的广度和深度远远超出了马克思主义经典作家当时的想象。同时,我国社会主义只有几十年实践、还处在初级阶段,事业越发展新情况新问题就越多,也就越需要我们在实践上大胆探索、在理论上不断突破。"[①] 在中国特色社会主义的历程中,越是充分把握马克思主义的思想精髓,根据我国的实践灵活运用马克思主义的基本理论,社会主义各项事业就越是能取得大发展,而当我们思想僵化时,在实践中或者表现为缩手缩脚,或者表现为急躁冒进。注重实践、强化问题导向才可能实现制度创新。

---

[①] 习近平:《在庆祝中国共产党成立95周年大会上的讲话》,人民出版社,2016,第9页。

## 二 扩大民主参与：制度发展的要求

扩大公民政治参与是实现社会主义民主的本质要求。经济社会的不断发展必然导致人们民主意识的提高，进而人们民主参与的要求也会逐渐增加。政治制度要为各种要求的表达提供规范化的渠道，有效吸纳各种有关的社会力量。从我国社会利益结构和社会政治结构分化的现实来看，随着社会主义市场经济的建立，社会阶层出现分化、利益主体出现多元化，产生了不同的利益要求，不同利益主体以什么方式、通过什么渠道来表达、释放、缓解利益冲突，是社会主义民主的重要任务。中国特色社会主义制度能够集中力量办大事，就在于以民主集中制为基本原则、从全局利益出发，确保政令畅通。政令畅通要求中国共产党有总揽全局的能力，全党在组织上、行动上要高度统一。只有政令畅通，才能发挥各级政府的职能，做到有令则行，有禁则止，党的意志通过制度转化为国家意志。唯有如此，才能切实有效地组织和带领人民群众完成各项改革和建设任务，并以此赢得人民群众的拥护，树立制度的威信。由政令畅通到政通人和是制度的进一步发展，制度要有协调各方的功能，不仅要健全运行机制，还要有一套完整的督查制度、反馈制度、奖惩制度，通过民主渠道的畅通与扩大更好地反映民意，让制度在顶层设计和"摸着石头过河"中处理好因利益重新调整、权力重新分配而引起的各类矛盾，解决地区与地区之间、部门与部门之间、行业与行业之间发展不平衡的问题，克服前进道路上遇到的困难。

扩大民主参与是社会发展的现实需要。经过多年的经济建设，我国人民群众的教育文化水平已经有了大幅度提高，参与管理社会事务的意识不断增强，社会生活也呈现复杂多元的态势，精英管理单一模式的不足日益突出。社会主义制度是依靠人民、为了人民、以人民为主体的先进制度,这是与其他社会制度相区别的根本属性。马克思指出:"在民主制中,国家制度本身只表现为一种规定,即人民的自我规定。在君主制中是国家制度的人民;在民主制中则是人民的国家制度。"[1] 我国在各项制度的改革中,充分依靠人民群众、尊重群众的意见和建议。例如,听证会、人民代表议案等多种制度形式的确立,确保了人民参政议政的权利。在社会主义建设的实践中,党和国家积极支持群众的创造性活动,鼓励群众在生活、生产、文化等各个领域勇于发挥主观能动性,积极进行实践创新、理论创新和制度创新等,以提高人民的主体力量。党的十八大总结改革开放近40年来的建设经验,将"坚持人民主体地位"明确作为取得社会主义建设新胜利的基本要求,充分表明了人民性这一中国特色社会主义制度的根本属性。党的十八届三中全会《决定》进一步指出:"人民是改革的主体",必须"以促进社会公平正义、增进人民福祉为出发点和落脚点",充分调动群众的历史主动性、发挥他们创造历史的自觉能动作用和主体作用。人民群众是构建中国特色社会主义制度的现实出发点、力量主体和根本目的。中国特色社会主义制度的发展完善,以调动一切社会主体的积极性、激发社会建设的活力为出发点,在逐步加强保障和改善民生的基础上,不断创新体制机制、改进治理方式、提高治理能力,从而取得了社会建设的伟大功绩、赢得了群众的支持和拥护。中国特色社会主义制度不仅坚持人民当家做主的本质要求,还不断在实践上健全各项制度、丰富民主形式,从各个领域和层次不断扩大公民政治参与,彰显了社会主义制度代表人民利益的优越性。这说明社会主义制度

---

[1] 《马克思恩格斯全集》第3卷,人民出版社,2002,第39页。

的人民性不仅要体现在理念层面，更要落实到实践发展中。党的十八大以来，以习近平同志为核心的党中央制定实施了一系列实现、维护和发展人民群众利益的制度，使人民群众各方面权益得到制度化、法治化保障，充分体现了制度发展的根本要求。党的十八届四中全会通过的《中共中央关于全面推进依法治国若干重大问题的决定》重申了法治建设的民本原则，法治建设的目的是要保障人民、造福人民、依靠人民，社会主义制度下的法治建设既要保证人民依法享有广泛的权利和自由并承担应尽的义务，也要保证党领导下的人民遵照法律规定通过各种途径和形式管理国家事务、经济和文化事业和社会事务，维护社会主义公平正义、促进共同富裕是法制建设的重要任务。将人民性的本质内涵纳入法制建设的层面，充分说明了中国特色社会主义制度的本质要求。

## 三　坚持稳定协调有序：制度现代化的目的

维持社会稳定是制度现代化的首要任务，在这一点上，中国特色社会主义制度是有优势的。我国的多党合作和政治协商制度通过其多元结构，使不同利益群体的要求、政治态度及时地反映上来，加以整合、加工，制定出正确的方针、政策，及时地化解矛盾，协调各种关系，以维护社会稳定。中国由传统社会向现代社会的转型，诸多特征愈益明显地表现出来。就经济层面而言，要实现从计划经济向社会主义市场经济体制的转轨，必然涉及所有制结构、分配方式、消费结构和城乡结构的变化；就发展方式而言，要从封闭走向开放，从一元走向多样，又必然带来人们的思想观念、生产生活方式、价值取向等深刻的变革；就社会结构转换而言，各种利益群体间的关系愈加错综复杂，形成新的利益群体，产生新的利益格局。开放多元的当代中国，发展日新月异，社会急剧变迁，社会整合还会遇到新的、更大的压力，影响社会和谐的问题依然突出，解决这些问题，还是要靠改革，通过全面深入的改革实现国家治理体系和治理能力的现代化，并提供长效之策。新形势下公众参与愿望迅速增长，层层施压很可能带来更多难题，制度要改变以堵为主的治理方式。和自然系统一样，人类社会也是一个相互联系的有机系统。在社会系统中，各项社会制度是建立各社会主体的有机联系、进行社会治理的有序规范的有效力量。社会整体能否稳定、协调、有序，取决于各项社会制度的相互作用和相互协调。每一项具体的社会制度都在社会治理的某一领域中发挥独特的作用，同时，它也需要其他社会制度的支持，并对其他社会治理领域产生影响。如果各项社会制度之间的相互影响是良性的，其外部性效应是积极的，那么整个社会机体就会处于一种健康有序的状态。否则，任何一方面的制度与社会整体不相适应，都会对整个社会建设产生不利影响。所以，各项社会制度之间的协调统一状态是社会繁荣、稳定的必要条件。制度创新所产生的新制度要符合社会整体的发展要求、与其他制度相协调，才能起到积极的作用。中国特色社会主义制度是一个系统的有机体系，不仅包含根本政治制度、基本政治制度、基本经济制度等基本的制度体系，还涵盖建立在这些制度基础之上的经济、政治、文化、社会、党建等各项具体制度体系。所以，一套支撑社会稳定和社会发展的制度，是涵盖多层面多领域的制度体系。其中，既有根本性制度和基本制度，又有各领域多层次的具体制度；既有宏观性的制度掌控和总体规范，又有不同社会机制的协调运作；既有体现经济基础和上层建筑性质的政治、经济制度，又有与之密切配合的文化、社会、党建等其他各方面制度。在这多重制度体系中，在总体上起主导性、决定性作用的，是国家的治理体系及其治理能力。在我国现阶段，中国特色社会主义制度的有效性和合理性，由国家治理体系和治理能力的现代化集中体现出来。我国现阶段要通过制度层次的变革、调整来保持和实现稳定，在稳步推进体制改革的前提下，建立合理、完善的规范体系以妥善处理利益关系、利益格局调整中出现的矛盾和问题，不断拓宽群众政治参与的渠道，提高群众参政的意识、能力和水平，实现民主的制度化和法律化。

## 第三节　加强制度自信中的话语权建构

改革开放40年的伟大成就向世人展示了中国特色社会主义制度的创造力，但是中国特色社会主义制度尚处于幼年时期，因此，它还是不完善的。在发展中牢牢把握中国特色社会主义制度的正确方向，一方面要继续以制度保障改革开放的历史进程，继续为解放生产力、发展生产力提供制度保障；另一方面要加强意识形态话语权建设，用中国理论、中国话语发出中国声音、讲好中国故事，从而引领发展方向、掌控世界局势。因此，必须积极构建中国话语体系，为加强制度自信营造社会精神文化环境。

### 一　马克思主义话语权主题的正确确立

明确马克思主义话语权主题才能明确中国特色社会主义制度自信的主题。"主题是特定时代和具体历史阶段提出的主要任务、展现的主要矛盾和面临的主要挑战，因而决定了天下大势、人心向背。"[①] 意识形态话语权的主题是社会整体思想意识的主要内容和核心思想。加强意识形态话语权建设，必须紧紧围绕话语主题展开。

---

① 侯惠勤：《马克思主义的意识形态批判与当代中国》，中国社会科学出版社，2010，第68页。

也就是说，意识形态话语只有与社会现实相联系并基本相符合时，才能够在该社会取得真正的话语权。

### （一）马克思主义话语权的主题

在我国社会主义革命、建设和改革发展的进程中，"意识形态建设"从来都是一个关系政党前途命运、关系国家长治久安、关乎民族的凝聚力和向心力的重要问题。发挥马克思主义意识形态的吸引力、凝聚力就要使这一意识形态话语的主题时代化。在历史发展的不同阶段，不同的理论学说都站在维护本阶级利益的立场提出解决时代问题的应对之策。当一种理论或者学说遇到新经验或新状况的质疑时，一方面我们要牢牢把握该学说该理论的核心，重新论证或者维护理论"内涵"的科学性和有效性；另一方面要积极发展该理论学说，让其有丰富的外延可以继续在实践中发挥建构性作用。"内涵"是话语权的主题的根本，不能脱离或丢弃，"外延"是话语权主题的时代扩展与延伸。

作为一个内涵丰富、立场鲜明、持续发展的科学理论体系，既有基本"内涵"又有丰富的"外延"。马克思主义的基本原理和方法论是其基本"内涵"，如世界的物质性及发展规律、无产阶级革命理论、社会基本矛盾运动规律等。马克思主义理论的"外延"则主要是指马克思主义的基本原理置于不同的历史环境与现实条件下，在回应时代问题、解答民族问题时所形成的具体论断，它们不断调整、扩展"内涵"，同时与"内涵"保持高度一致。

马克思主义话语权的主题既是一以贯之的，也是与时俱进的，是继承与发展的辩证统一。马克思主义在不断民族化的过程中逐步形成了具有中国特色的话语主题，如工农武装割据、统一战线、家庭联产承包责任制、"一国两制"的构想、全面建成小康社会等命题，这些反映当代中国实践的主题推动了马克思主义民族化、时代化、大众化的运用和发展，也使马克思主义意识形态越来越掌握和巩固了主导权。因而，在继续坚守内涵、拓展外延中进一步合理调整和拓展马克思主义话语权的主题，是新的历史条件下维护和巩固社会主义意识形态话语权的有效方法。

### （二）在回应时代主题的实践中拓展马克思主义话语权主题

"对时代主题回应与否和回应的程度决定了一个国家、政党和个人在历史上的地位，也决定了其所拥有的话语权。"[①] 马克思主义作为中国的主流意识形态，其之所以能够掌握话语权以主导中国社会的发展，不仅仅在于这一理论体系是严密而科学的，更在于它能把握时代前进的脉搏，能够与时俱进地指导中国各历史阶段的不同课题。马克思主义的话语主题不是封闭的、僵化的，而是随着时代的变化一直处于动态的发展演进中。

新民主主义革命时期，中国共产党的任务是实现民族独立和解放，改变旧中国被动挨打、任人宰割的悲惨命运。在马克思主义的指导下，先进的革命领导者找到了救亡图存的正确道路，为马克思主义意识形态在旧中国掌握领导权和话语权奠定了合法性基础。这一时期马克思主义意识形态的话语主题以"革命和独立"为核心，正确解答了中国革命性质和道路的现实问题，最终夺取了新民主主义革命的伟大胜利，牢牢掌握了中国革命时期的意识形态话语权。进入社会主义过渡和建设时期后，中国共产党根据各阶段的不同任务，提出了一系列新的符合各阶段主题的话语体系，如社会主义社会的两类矛盾及主要矛盾理论、三大改造理论、初级阶

---

[①] 侯惠勤：《马克思主义意识形态批判与当代中国》，中国社会科学出版社，2010，第68页。

段理论等，为我国社会的发展提供了具体的指导，取得了举世瞩目的成就。在社会主义建设的初期，由于对国内外错综复杂形势的判断失误，党没有及时地转变领导思路，延续了革命时期的思维模式，从而使社会主义建设遭受了极大的挫折。这些实践从正反两方面说明意识形态话语权的掌握需要根据变化了的实际不断进行调整。

进入改革开放新的历史时期后，各级党中央在马克思主义的指导下，以我国的基本国情为依据、及时分析各发展阶段的主要问题和建设任务，提出并形成了一系列以促改革求发展、谋和谐促开放为话语主题的中国特色社会主义理论，正确指引中国特色社会主义制度完成了社会发展所面临的一系列时代任务，从而使中国特色社会主义事业蒸蒸日上，也巩固了马克思主义意识形态话语权。习近平总书记曾指出："一个国家实行什么样的主义，关键要看这个主义能否解决这个国家面临的历史性课题。"① 中国特色社会主义理论之所以能够成为指导中国改革发展的伟大旗帜，就在于它正确地解答了中国社会所面临的一个个时代课题，其内涵体系随着时代主题的变换不断丰富和拓展，始终巩固着马克思主义意识形态的主导地位。全面深化改革以推动制度完善的新时期是马克思主义话语权主题拓展的重要战略机遇期，仍然要坚持理论联系实践的原则，通过紧扣时代主题发出中国声音、传播中国新形象。

## 二 马克思主义话语主体的有效建构

历史发展的不同时期，出现过对不同制度信奉的主体，中国特色社会主义制度自信的主体是中国共产党领导下支持中国特色社会

---

① 《习近平谈治国理政》，外文出版社，2014，第22页。

主义伟大事业并积极投身于民族复兴中国梦的广大人民群众，制度自信主体要求建构马克思主义话语主体，即要明确"听谁说、谁在听"的问题。在新的历史条件下建构马克思主义意识形态话语权，需要努力实现马克思主义话语"说者"和"听者"之间的双向互通交流。更具体地说，需要通过建设政治素质过硬、业务水平高、有坚定信仰的马克思主义意识形态工作者队伍，发挥高校这一意识形态传播的重要媒介以及实现意识形态工作者和广大人民群众的有效互动来进一步明确马克思主义话语主体。

### （一）加强马克思主义意识形态工作者队伍建设

马克思曾指出，在一个阶级的内部，"一部分人是作为该阶级的思想家出现的，他们是这一阶级的积极的、有概括能力的意识形态家"。[1] 意大利的共产党领袖葛兰西是第一位明确提出意识形态领导权理论的无产阶级革命家，并且将其与国家治理权并列，二者共同构成国家统治的工具。为实现意识形态领导权，"有机的知识分子"需发挥重要作用。因为，任何一个阶级或集团的意识形态理论都需要由该阶级的思想家来完成，需要一个专业化的队伍来实施。同商品的生产和销售一样，意识形态也需要有生产者和传播者。生产者的任务是根据时代的变化和实践的发展不断创新意识形态理论，使该阶级或集团的意识形态理论和现实状况相符合；传播者的任务是向意识形态的受众主体即人民群众宣传其理论学说，争取群众的拥护和支持。这和列宁在无产阶级革命时期对理论家和鼓动家的工作划分相一致。

在复杂的意识形态斗争中，马克思主义话语权要在中国取得主

---

[1] 《马克思恩格斯文集》第 1 卷，人民出版社，2009，第 551 页。

导地位，就需要从理论家和宣传家的队伍建设入手。一方面，要建立一支高水平高层次的理论队伍，他们是中国特色社会主义话语体系的生产者。这支队伍的建设成效，直接决定着马克思主义话语权主导性的实现程度。2004年发布的《中共中央关于进一步繁荣哲学社会科学的意见》中明确指出："建设中国特色社会主义这项前无古人的伟大事业要求必须建设一支宏大的哲学社会科学队伍。要尊重劳动、尊重知识、尊重人才、尊重创造，高度重视哲学社会科学人才的培养和使用。要按照政治强、业务精、作风正的要求，造就一批用马克思主义武装起来、立足中国、面向世界、学贯中西的思想家和理论家，造就一批理论功底扎实、勇于开拓创新的学科带头人，造就一批年富力强、政治和业务素质良好、锐意进取的青年理论骨干。"[1] 为此，中国共产党实施了马克思主义理论研究和建设工程，开创了一系列的马克思主义人才培养计划，为新时期马克思主义意识形态队伍的建设发挥了重要的作用。另一方面，要努力建设一支高水平的理论宣传队伍。党的理论宣传队伍是连接马克思主义意识形态和人民群众的桥梁、纽带，他们业务素质的高低，直接决定着意识形态话语权的建设成效。新形势下，中国共产党要将提高理论宣传者如新闻记者、报刊编辑等的业务素质作为加强话语权建设的重要环节，通过宣传队伍的建设来促进马克思主义的大众化、掌握社会主义意识形态话语权。

### （二）发挥我国高校主流意识形态教育的重要作用

马克思主义指导下的中国高校，要为中国特色社会主义培养和输送合格的建设者和接班人，承担着"为谁培养人""培养什么人"

---

[1] 《十六大以来重要文献选编》（上），中央文献出版社，2005，第691~692页。

"如何培养人"的重要使命。改革开放以来，我国意识形态安全教育始终坚持和贯彻解放思想、实事求是的思想路线，不断进行理论创新、探索教学规律，并取得了良好的教育效果。为进一步加强和改进新形势下高校宣传思想工作，中央重申了马克思主义指导地位的重要性，要求高校掌握和巩固意识形态工作的领导权和话语权。在致力于推进中国特色社会主义伟大事业的背景下，高校意识形态教育应始终坚持马克思主义的正确导向，加强教学改革，努力实现当代青年学子的主流意识形态教育的不断创新。高校主流意识形态教育的本质是使受教育者在后西方时代面对各种客观现实，继续坚定对中国特色社会主义理论体系的科学性的认识、中国特色社会主义理论体系道路选择的必然性和中国特色社会主义制度的合理性，并最终树立对社会主义意识形态的认同。在中国走向更加开放的过程中，当代青年学子思想的活跃性和多变性、差异性进一步增强。近年来，有关"新自由主义""后现代主义""民主社会主义""历史虚无主义""民族主义""文化保守主义"等社会思潮对高校师生产生了不同程度的影响。在当前经济社会转型的关键时期，针对高校的教育环境、教育使命以及当代青年学生的自身特点提出建议对策，增强公众尤其是当代青年学子对社会主义意识形态的认同，是牢牢抓住高校这一意识形态阵地的主导权的重要基础和条件。

党的十八届三中全会提出了国家安全问题，其中意识形态安全问题备受关注。对高校来说，如何确保当代青年学子树立对社会主义意识形态的认同感，明确当代青年的历史使命并积极迎接挑战、投身于中国特色社会主义的伟大事业是高校主流意识形态教育的重要使命。具体包括以下几点。一是使高校师生对当今中国的社会制度和政治秩序普遍认可、支持和拥护，巩固社会主义意识形态的权威。主流地位的意识形态是与经济、政治、社会紧密相连的，对现存社会制度和政治秩序认同与否直接关系到一个社会的稳定程度。成功的意识形态教育能激发社会成员的信心和热情,坚定实现国家建设目标的决心。国家的长远目标对社会成员具有吸引力和说服力,必然会积聚力量形成共识。二是要对非社会主义意识形态阐明正确立场并进行合理批判,增强社会主义意识形态的导向性和动员性。急剧而深刻的中国社会转型使意识形态领域空前活跃、空前复杂。社会主义意识形态受到资本主义意识形态的攻击和挑战,原本占主导地位的社会主义意识形态和价值观念受到了剧烈的冲击。青年学子是中国特色社会主义事业的建设者和接班人,高校意识形态教育就是要通过确立正确的认知评价体系和核心价值观念,使社会成员尤其是青年学子能够认清西方敌对势力各种反共主义意识形态的本质并摆脱其误导和干扰,强化社会主义意识形态的导向性和动员性,唤起民族自信心和自豪感。三是认清中国"和平发展"的历史方位,弘扬社会主义意识形态主旋律。只有把理论知识的学习与社会现实需求结合起来,把重大理论问题与社会热点问题结合起来,才能使受教育者在社会实践中亲身体会中国特色社会主义的建设成果,增强自信意识,用自信意识激发投身于中国特色社会主义伟大事业的自觉意识。

## (三) 实现意识形态工作者和广大人民群众的双向交流

革命战争年代,由于受时代条件和革命任务的影响,中国共产党的意识形态工作主要是以"灌输"为主。这种方式最大的缺陷在于缺少意识形态工作者同受众之间的有效互动。在信息闭塞的时代这种方式有其历史合理性和进步性,但在如今的信息大爆炸时代,这种单向的灌输所具有的局限性日益明显。在理论供给和群众需求之间,还应注重双向的互动。

新的历史时期，意识形态的宣传工作需废除以往生搬硬套、死记硬背的硬性方式，应形成一种意识形态供给者和需求者之间、传播主体和受众主体之间的有效沟通和积极互动方式，从而加强意识形态话语权建构的实效性。一方面，意识形态的传播主体应本着"三贴近"即贴近实际、贴近生活、贴近群众的原则，深入掌握接受者的思想动态，将内容和形式、宣传和艺术结合起来，"在如何动情、动心、动人上下功夫，用真情的宣讲、真实的故事、精炼的篇幅、精湛的制作，使受众听得懂、坐得住、记得牢、有共鸣"[①]。另一方面，也要本着为了人民、依靠人民的理念，对群众的呼声和诉求进行反馈，关心人们的生活实际。意识形态工作者要"急群众之所急、想群众之所想，真正做到尊重人、理解人、关心人和帮助人，从而增强主流意识形态的感染力和影响力"[②]。

## 三　马克思主义话语载体的综合运用

中国特色社会主义需要积极利用各种形式的载体来传递自信。话语载体主要解决意识形态"怎样说"的问题。要解决马克思主义话语怎么说的问题，不仅要重视包括电视、报纸、网络等在内的传播媒介，而且要探索新颖而有效的话语表达方式与表现方式。新媒体时代，网络信息技术的快速发展和多媒体终端工具的多样化，使得马克思主义意识形态既有积极传播的有利影响也有消极的潜在负面影响，在这种情况下，必须充分有效利用多元化的媒体传播模式、积极掌控传播规律来加强马克思主义意识形态话语权。

---

[①] 黄传新：《社会主义意识形态的吸引力和凝聚力研究》，学习出版社，2012，第300页。
[②] 刘明君、郑春来、陈少岚：《多元文化冲突与主流意识形态建构》，中国社会科学出版社，2008，第293页。

## (一) 努力创新和发展意识形态的话语内涵与表达方式

在《德意志意识形态》中,马克思恩格斯指出:"'精神'从一开始就很倒霉,受到'物质'的纠缠,物质在这里表现为振动着的空气层、声音,简言之,即语言。语言和意识具有同样长久的历史;语言是一种实践的、既为别人存在因而也为我自身而存在的、现实的意识"。[①] 这段话表明,语言和意识是互相伴随、形影不离的。意识总是和语言联结在一起,意识形态的传播总是以其特有的话语体系为内容。

新民主主义革命时期,中国共产党在马克思主义的指导下,通过提出切合革命实际、符合革命需要的话语理论赢得了意识形态的话语权,如"农村包围城市、武装夺取政权、打土豪分田地"等富有导向性和号召力的话语体系。进入改革开放新的历史时期,由于社会的全面变革和整体转型,原来的话语体系必然要随之进行调整和变革。总的来说,一种话语体系的调整或变革有两种方式:一种是在坚持原来的话语内涵的基础上,对其外延进行扩展,以丰富其内容、提高话语解释力;另一种是舍弃之前的话语内涵,对其进行根本的变革,重新建构一套新的观点方法,用全新的话语体系来指导工作。这样做意味着对以往的理论和工作的全盘否定,是从根本上来倾覆或瓦解某一意识形态。苏联解体和东欧剧变就是这种话语变革的现实案例。中国共产党在丰富和完善其话语体系的过程中,始终坚持马克思主义的指导地位,坚持在基本话语内涵的基础上对其外延进行丰富和扩展。中国改革的成功不仅是取得了经济建设的极大飞跃,还实现了意识形态话语的创造性转化,使中国特色社会

---

[①] 《马克思恩格斯文集》第 1 卷,人民出版社,2009,第 533 页。

主义的合法性不仅没有颠覆反而得到加强。中国实现意识形态话语调整或转化的基本方法是，将马克思主义基本原理与具体实践相结合，形成既有马克思主义基调又具有时代特色、本土特色的话语理论，例如"小康社会理论""四个现代化"等极具鼓舞性的话语体系。在新的历史条件下，我们仍要采取创新思维，迎接话语方式的新变革。

话语表达方式也需要不断进行创新以增强实效性。实践中，由于表达方式的落伍、俗套和呆板等使意识形态话语失去说服力和感召力的情况并不少见。意识形态宣传如果大喊口号式、标语式的空话、套话，就会失去亲和力和感染力、丧失学理性和可读性。生动的建设需要生动的表达方式，只有群众愿意听、听得懂，才能增强社会主义意识形态话语的吸引力和凝聚力，从而牢牢掌握意识形态话语权。

**（二）积极利用和开发意识形态的传播载体**

通过形式多样的传播载体来加强话语信息的传播强度，是促进意识形态理解和认同的重要方式。新媒体时代，马克思主义意识形态的主体地位受到巨大冲击，人们思想活动的独立性、选择差异性、价值取向多元性明显增强。因此，要增强马克思主义话语的解释力，需要积极开发利用有效、多样的传播载体。总的来看，传播载体的划分主要有传统的传播载体和新兴的传播载体两种区别。

首先是传统的传播载体形式。传统的传播载体主要是指以往就有的，往往是对受众有直接影像效果的形式。一是理论普及读物。理论知识只有实现通俗化才能为广大人民群众所熟知。理论通俗化是理论说服群众、掌握群众，在实际生活中发挥作用的前提和基础。理论普及读物的出版重点在于联系实际，其写作风格和叙事方式应通俗化,易于为广大人民群众所接受。二是宣传画报。宣传画报最重要的特点在于,能够以生动、形象的图画、图片等向广大群众解释看似深奥难懂的理论学说,使马克思主义中国化的最新成果具有更强的直观性和可读性,贴近老百姓的阅读习惯和心理需求。三是人文社科讲座。报纸、书本等纸质媒体是理论传播的主要载体,其理论往往是专业理论人才研究的成果。这也就导致了理论的晦涩难懂,在这种情况下,理论与大众之间也就不可避免地存在思想屏障。由此,专家、学者走出书斋,同广大人民群众进行面对面的交流成为一种必要的形式。

其次是新兴的传播载体形式。新兴的传播载体是指同信息网络化时代紧密相连的,或者说是被赋予了新的内涵的传播形式。一是新兴传播媒介,主要是指广播、网络、电视等。这一类新兴传播媒介有着受众广、通俗易懂等优点。通过这些新兴媒介对党的政策理论方针进行解读,有助于对党的意识形态普及的推动。二是文化下乡的新形式。文化下乡,是中国共产党改革开放以来创建的,目的在于对农村地区和农民进行政策宣传。这种形势能够获得广大农民群众的支持和认可,从而巩固党的意识形态话语权。三是主题实践活动。在传播和普及马克思主义的过程中,通过开展形式多样的主题实践活动,将理论的内涵与精神融入群众的主题实践活动中,引导人们把学习马克思主义同参与多种多样的主题实践活动结合起来,把理论学习与实践活动结合起来,在实践中体会马克思主义及其中国化理论成果的科学性与正确性。

# 结　语

　　制度为实现既定目标对人们的行为产生或者约束或者促进的作用。近代以来，中国人民一直行进在对美好制度探索的道路上，逐步实现了民族民主革命的国家独立人民解放之梦，实现了社会主义改造的利国利民之梦，如今，我们继续在中国特色社会主义制度下追逐民族复兴的"中国梦"。这个中华民族近代以来最伟大的梦想，必须紧紧依靠人民来实现、要以社会主义制度为保障。中国特色社会主义制度是一套科学的制度体系，在多年的实践中积累了发展优势。

　　要让思想照耀行动，就要研究和解决制度问题。制度可以激发人们的潜力，也可以削减人们的积极性，其关键在于制度在多大程度上保证多数人的利益，始终坚持人民至上的制度才能深得民心、广聚民力。中国特色社会主义制度以马克思主义为指导，把对制度的建立、发展、完善确立在对中国国情的深刻把握上。正是如此，它成为当今中国发展进步的根本制度保障，集中体现了中国特色社会主义的优越性。主要表现在以下方面：一是兼顾公平与效率、实现共建共享的基本经济制度，把市场经济和社会主义基本制度相结合，既注重市场在资源配置中的基础性作用，又注重国家的宏观调控，适应了我国现阶段生产力发展的客观要求；二是以政党领导为主体实现人民广泛参与、单一制下各民族协商共荣、法律保障下群众自治管理等主要特点的基本政治制度，这些制度既吸收了我国的传统政治文化中的有益因素，又借鉴了其他民族在民主政治建设方面的经验。这些具有中国特色的独特制度设计，既具有其客观的历史必然性，又具有科学性和先进性，保障了中华民族前进的动力，推动了整个社会的发展进程，赋予了我们坚定的制度自信。中国特色社会主义制度是中国共产党带领全国各族人民，经过长期的实践和奋斗而来的，它来之不易，它既遵循了社会发展的一般规律，又符合我国的国情、顺应了时代发展潮流，实现了党的领导、人民当家做主和依法治国的有机统一。最能够集中力量办大事，最能够维护社会的公平正义，最能够为国家富强、民族振兴、人民幸福提供坚强的制度保障。民族复兴的自信来自中国特色社会主义制度的自信，制度是中国梦的重要保障，制度自信是中国梦的强大推力。当前，面对复杂的国际国内形势，面对13亿国人的新期待，面对到2020年全面建成小康社会的宏伟目标，我们理应不断增强坚持和完善中国特色社会主义制度的自觉和自信。"实现中华民族伟大复兴是一项光荣而艰巨的事业，需要一代又一代中国人为之努力。"习近平同志振聋发聩的话语，是谆谆告诫，也是殷殷期盼，吹响了中华儿女向中华民族伟大复兴迈进的号角。

# 参考文献

## 一 著作类

《马克思恩格斯全集》第1卷，人民出版社，2006。
《马克思恩格斯全集》第3卷，人民出版社，2006。
《马克思恩格斯全集》第21卷，人民出版社，2006。
《马克思恩格斯全集》第23卷，人民出版社，2006。
《马克思恩格斯全集》第27卷，人民出版社，2006。
《马克思恩格斯全集》第30卷，人民出版社，2006。
《马克思恩格斯全集》第42卷，人民出版社，2006。
《马克思恩格斯全集》第46卷，人民出版社，2006。
《马克思恩格斯选集》（第1~4卷），人民出版社，2012。
《马克思恩格斯文集》（第1~10卷），人民出版社，2009。
《列宁选集》（第1~4卷），人民出版社，1995。
《列宁专题文集》（第1~5卷），人民出版社，2009。
《毛泽东选集》（第3卷），人民出版社，1991。
《毛泽东书信选集》，人民出版社，2003。
《邓小平文选》（第3卷），人民出版社，1993。
《邓小平文选》（第2卷），人民出版社，1994。
《建国以来重要文选选编》（第1册），中央文献出版社，1992。

《毛泽东经济年谱》，中共中央党校出版社，1993。

《十三大以来重要文献选编》（上），中央文献出版社，2011。

《十四大以来重要文献选编》（上），中央文献出版社，2011。

《三中全会以来重要文献选编》（上），中央文献出版社，2011。

《十五大以来重要文献选编》，中央文献出版社，2011。

《十六大以来重要文献选编》（上），中央文献出版社，2011。

《十七大以来重要文献选编》（上），中央文献出版社，2009。

《十八大以来重要文献选编》（上），中央文献出版社，2016。

《中国共产党第十八次代表大会文件汇编》，人民出版社，2012。

《建国以来重要文献选编》第1册，中央文献出版社，1992。

《建国以来毛泽东文稿》第6册，中央文献出版社，1992。

《建党以来重要文献选编》第25册，中央文献出版社，2011。

《建国以来重要文献选编》第5册，中央文献出版社，1993。

《建国以来重要文献选编》第3册，中央文献出版社，1992。

《叶剑英选集》，人民出版社，1996。

《江泽民论有中国特色社会主义（专题选编）》，中央文献出版社，2002。

《习近平谈治国理政》，外文出版社，2014。

《习近平总书记系列重要讲话读本》，学习出版社、人民出版社，2016。

《从鸦片战争到五四运动》（下），人民出版社，1981。

《胡乔木回忆毛泽东》，人民出版社，2003。

《中国近代史：1600—2000，中国的奋斗》，世界图书出版公司，2008。

冯友兰：《中国哲学史编》（第6册），人民出版社，1989，第102页。

《瞿秋白文集：政治理论编》第1卷，人民出版社，2017。

〔美〕罗尔斯：《正义论》，中国社会科学出版社，2001。

〔美〕E. 拉洛兹：《用系统论的观点看世界》，中国社会科学出版社，1985。

〔美〕道格拉斯·C. 诺思：《经济史中的结构与变迁》，上海三联书店，1994。

〔美〕塞缪尔·P. 亨廷顿：《变革社会中的政治秩序》，华夏出版社，1994。

〔英〕托马斯·莫尔：《乌托邦》，商务印书馆，2010。

〔意〕康帕内拉：《太阳城》，商务印书馆，1980。

〔英〕罗素：《中国问题》，学林出版社，1996。

〔英〕伊莫尔·拉卡托斯：《科学研究纲领方法论》，上海译文出版社，1986。

〔法〕摩莱里：《自然法典》，商务印书馆，1982。

〔法〕《巴贝夫文选》，商务印书馆，1962。

〔英〕温斯坦莱：《温斯坦莱文选》，商务印书馆，2009。

〔法〕昂立·圣西门：《圣西门选集》（第3卷），商务印书馆，2009。

〔法〕卢梭：《社会契约论》，法律出版社，2012。

〔英〕亚当·斯密：《国富论（全译本）》，中央编译出版社，2011。

〔英〕约翰·穆勒：《政治经济学原理及其在社会哲学上的若干应用》，商务印书馆，1991。

〔美〕亚当·斯密：《道德情操论》，商务印书馆，1997。

〔苏格兰〕休谟：《休谟经济论文选》，商务印书馆，1984年。

〔德〕马克斯·韦伯：《新教伦理与资本主义精神》，广西师范大学出版社，2010。

〔美〕田辰山：《中国辩证法：从〈易经〉到马克思主义》，中国人民大学出版社，2008。

〔美〕道格拉斯·C. 诺思：《制度、制度变迁与经济绩效》，上海三联书店，2008。

〔美〕蒂莫西·耶格尔：《制度、转型与经济发展》，华夏出版社，2010。

〔美〕约瑟夫·E. 斯蒂格利茨：《社会主义向何处去》，吉林人民出版社，2011。

〔美〕约瑟夫·熊彼特：《资本主义、社会主义与民主》，商务印书馆，1999。

〔英〕塞缪尔·E. 芬纳：《统治史》（第1~3卷），华东师范大学出版社，2014。

〔法〕托克维尔：《论美国的民主》，商务印书馆，1998。

〔美〕本杰明·史华慈：《寻求富强：严复与西方》，江苏人民出版社，2010。

《今古文尚书全译》，贵州人民出版社，1990。

《老子今注今译》，商务印书馆，2003。

《四书集注》，岳麓书社，1987。

《管子》，华夏出版社，2000。

《贾谊新书译注》，黑龙江人民出版社，2003。

董仲舒：《春秋繁露》，上海古籍出版社，1989。

《汉书选》，中华书局，1962。

《贞观政要全译》，贵州人民出版社，1991。

《中国大百科全书》（政治卷），中国大百科全书出版社，2006。

《中国大百科全书》（法学卷），中国大百科全书出版社，2006。

《在历史巨人身边——师哲回忆录》（修订本），中央文献出版社，1996。

薄一波：《若干重大决策与事件的回顾》（上），中共中央党校出版社，1991。

《建党以来重要文献选编》（第 1 册），中央文献出版社，2011。

《世界社会主义跟踪研究报告（2013—2014）－且听低谷新潮声（上、下）》，社会科学文献出版社，2014。

红旗出版社编辑部：《党的创新理论：十六大以来党中央提出的一系列重大战略思想和理论观点（上、下）》，红旗出版社，2007。

杨光斌：《政治变迁中的国家与制度》，中央编译出版社，2010。

曹沛霖：《比较政治制度》，高等教育出版社，2005。

中共中央文献研究室：《中国特色社会主义理论体系形成与发展大事记》，中央文献出版社，2008。

顾海良：《马克思主义发展史》，武汉大学出版社、湖北人民出版社，2006。

郑杭生、刘少杰主编《马克思主义社会学史》，高等教育出版社，2006。

顾海良：《世界社会主义 500 年》，新华出版社，2014。

梅荣政：《中国特色社会主义基本问题研究》，武汉大学出版社，2006。

林尚立：《当代中国政治形态研究》，天津人民出版社，2000。

张兴茂等：《中国现阶段的基本经济制度》，中国经济出版社，2003。

叶庆丰：《中国特色社会主义理论前沿问题研究》，人民出版社，2012。

肖贵清：《中国特色社会主义制度基本问题研究》，人民出版社，2003。

程恩富：《西方产权理论评析》，当代中国出版社，1997。

顾杜民：《马克思主义制度经济学》，复旦大学出版社，2005。

费孝通：《中华民族多元一体格局》，中央民族大学出版社，2003。

胡应南：《社会主义制度文明建设研究笔记——从探索时代到制度文明时代》，人民出版社，2014。

崔希福：《唯物史观的制度理论研究》，北京师范大学出版社，2010。

刘建斌：《中国特色与中国模式》，人民出版社，2006。

刘新宜：《社会主义国家演化简史》，社会科学文献出版社，2010。

徐征帆：《时代风云变幻中的马克思主义》，中国人民大学出版社，1996。

郑永年：《未来三十年：改革新常态下的关键问题》，北京中信出版社，2016。

张乾元：《马克思主义与中国实际"第二次结合"的开篇（1946—1966年）研究》，中国社会科学出版社，2010。

郑大华、邹小站：《中国近代史上的自由主义》，社会科学文献出版社，2008。

林国标：《中国社会主义意识形态发展史——马克思主义哲学中国化的视角》，湖南人民出版社，2007。

戴焰军、李英田：《党的执政能力建设与意识形态工作》，党建读物出版社，2005。

黄传新：《社会主义意识形态的吸引力和凝聚力研究》，学习出版社，2012。

刘明君、郑春来、陈少岚：《多元文化冲突与主流意识形态建构》，中国社会科学出版社，2008。

萧功秦：《超越左右激进主义——走出中国转型的困惑》，浙江大学出版社，2012。

童世骏：《意识形态新论》，上海人民出版社，2006。

李友梅：《从弥散到秩序："制度与生活"视野下的中国社会变迁 1921—2011》，中国大百科全书出版社，2011。

## 二　论文类

张雷声：《增强中国特色社会主义的制度自信》，《马克思主义理论学科研究》2013 第 10 期。

张兴茂：《中国特色社会主义制度体系若干问题的思考》，《马克思主义研究》2012 年第 6 期。

林尚立：《论以人民为本位的民主及其在中国的实践》，《政治学研究》2016 年第 3 期。

黄晓波：《中国特色社会主义制度：构成、特点与完善》，《马克思主义研究》2011 年第 9 期。

王伟光：《对中国特色社会主义理论体系的丰富和发展》，《哲学动态》2014 年第 3 期。

辛向阳：《当代中国发展的制度基石——论中国特色社会主义制度体系》，《中国青年报》2011 年 7 月 25 日。

林岗、刘元春：《诺斯与马克思：关于制度的起源和本质的两种解释的比较》，《经济研究》2000 年第 6 期。

王伟光：《深入研究中国发展道路和发展经验　丰富和发展马克思主义社会形态理论》，《中国社会科学》2011 年第 1 期。

秦宣：《道路自信、理论自信、制度自信的历史和现实依据》，《党建》2013 年第 1 期。

宇文利：《论中国特色社会主义的制度治理——习近平治国理政思想的总体特色》，《新疆师范大学学报》（哲学社会科学版）2016 年第 1 期。

肖贵清、周昭成：《中国特色社会主义制度自信的学理分析》，《马克思主义与现实》2013年第4期。

梁培林：《中国特色社会主义制度实施与思想政治教育话语创新发展》，《广西社会科学》2012年第2期。

陈金龙：《关于道路自信、理论自信、制度自信的思考》，《马克思主义研究》2014年第2期。

程伟礼：《邓小平关于制度自信的辩证理性思考》，《马克思主义研究》2014年第10期。

张西立：《中国话语与中国实践》，《国家行政学院学报》2017年第1期。

秦宣：《中国特色社会主义制度的多层次解读》，《教学与研究》2013年第1期。

刘俊杰：《要正确把握中国特色社会主义制度的优势》，《中共福建省委党校学报》2015年第12期。

李慎明：《坚持中国共产党的领导是中国特色社会主义的根本选择》，《红旗文稿》2017年第2期。

邹升平：《从"制度他信"到"制度自信"的转变》，《理论探讨》2014年第3期。

白洁：《中国梦与中国特色社会主义制度》，《思想理论教育导刊》2013年第10期。

张霞、冯博：《中国特色社会主义对马克思东方社会理论的发展和创新》，《云南社会主义学院学报》2013年第6期。

邱仁富：《思想政治教育话语研究：现状、问题与发展》，《思想理论教育》2014年第9期。

于江涛：《中国特色社会主义制度创新与发展的思路和基本经验》，《思想理论教育导刊》2015年第5期。

李向阳：《透过经济危机看社会主义制度的优越性》，《中共桂林市委党校学报》2010年第4期。

韩庆祥：《中国特色社会主义的独特优势——坚定道路自信、理论自信、制度自信》，《中国社会科学》2013年第1期。

郑云天：《中国特色社会主义制度研究评析》，《中国特色社会主义研究》2011年第6期。

庄友刚：《准确把握绿色发展理念的科学规定性》，《中国特色社会主义研究》2016年第1期。

徐斌：《简论中国特色社会主义制度的基本特征》，《理论视野》2013年第3期。

程恩富：《中国模式的经济体制特征和内涵》，《经济学动态》2009年第12期。

程恩富、徐惠平：《新制度经济学派的成因、特点与总体评价》，《当代经济研究》2004年第9期。

贾绘泽：《论毛泽东对我国社会主义制度的坚定自信》，《毛泽东研究》2014年第1期。

于卫军：《制度优势是中国特色社会主义的根本保障》，《思想政治教育研究》2013年第5期。

杨卓华：《五大发展理念与毛泽东〈论十大大关系〉关系探讨》，《马克思主义研究》2016年第4期。

刘俊祥：《民生国家论——中国民生建设的广义政治分析》，《武汉大学学报》（哲学社会科学版）2013年第4期。

侯为民：《立足完善基本经济制度实现共享发展》，《思想理论教育导刊》2016年第3期。

侯远长：《中国特色社会主义制度体系探析》，《中州学刊》2011年第6期。

何颖、田宪臣：《制度创新与中国特色社会主义》，《科学社会主义》2011 年第 5 期。

王晓芸：《旗帜、道路、理论、制度——中国特色社会主义的四重维度及其内在关联》，《毛泽东思想研究》2012 年第 2 期。

赵秀芳：《中国特色社会主义制度：确立、优势、坚持和完善》，《湖北社会科学》2012 年第 3 期。

顾玉民：《中国特色社会主义制度自信研究》，《兰州学刊》2016 年第 10 期。

陈理：《"大一统"理念中的政治与文化逻辑》，《中央民族大学学报》（哲学社会科学版）2008 年第 2 期。

郭红霞：《马克思"两个必然"判断的当代实践理解》，《当代世界与社会主义》2008 年第 3 期。

荣长海：《中国特色社会主义理论体系的基本原理研究》，《天津师范大学学报》（社会科学版）2012 年第 1 期。

陈金龙：《试论毛泽东的社会主义制度自信》，《毛泽东研究》2013 年第 2 期。

程伟礼：《邓小平关于制度自信的辩证理性思考》，《马克思主义研究》2014 年第 10 期。

胡运峰：《中国特色社会主义制度与苏联社会主义制度的历史关联》，《科学社会主义》2014 年第 6 期。

张建：《坚定中国特色社会主义制度自信面临的挑战与对策》，《理论导刊》2014 年第 5 期。

高建明：《习近平对中国特色社会主义制度先进性的系统阐释》，《探索》2017 年第 1 期。

兰颖：《马克思社会发展理论视域下现代社会发展的两个基本问题》，《改革与开放》2016 年第 22 期。

刘俊祥:《论国家治理的公平化》,《福建论坛》(人文社会科学版)2014年第2期。

魏波:《构建中国特色社会主义治理体系》,《新疆师范大学学报》(哲学社会科学版)2016年第1期。

张艳娥:《马克思主义中国化与中国特色社会主义制度研究的范式建构》,《社会主义研究》2013年第3期。

张艳娥:《论马克思主义中国化成果的制度形态》,《湖北社会科学》2012年第9期。

蔡亚志:《列宁关于社会主义制度的思想》,《科学社会主义》2013年第5期。

刘金海:《制度现代化的基本问题》,《探索与争鸣》2016年第9期。

包心鉴:《制度现代化:国家治理现代化的实质与指向》,《社会科学研究》2015年第2期。

秋石:《中国特色社会主义民主政治的制度优势与基本特征——划清中国特色社会主义民主同西方资本主义民主的界限》,《求是》2010年第18期。

肖贵清、刘玉芝:《中国特色社会主义制度体系的逻辑分析》,《马克思主义研究》2012年第8期。

敬海新:《坚持和完善中国特色社会主义制度》,《探索》2012年第1期。

包心鉴:《论当代中国的政治认同》,《思想理论教育》2014年第9期。

## 三 外文类

Schlozman and Tierney, *Organized Interests and American Democracy*,

New York: Harper & Row, 1986.

David Schweickart, *Against Capitalism*, Boulder: Westview Press, 1996.

Martin Burch, John Gardner and Douglas Jaenicke, *Three Political Systems: A Reader in British, Soviet and American Politics*, Mancheester University Press, 1985.

## 图书在版编目(CIP)数据

中国特色社会主义制度自信：历史逻辑与当代建构／李琨著． -- 北京：社会科学文献出版社，2020.8
ISBN 978 - 7 - 5201 - 7004 - 8

Ⅰ.①中⋯　Ⅱ.①李⋯　Ⅲ.①中国特色社会主义 - 社会主义制度 - 研究　Ⅳ.①D621

中国版本图书馆 CIP 数据核字（2020）第 140802 号

## 中国特色社会主义制度自信
### ——历史逻辑与当代建构

著　　者／李　琨

出　版　人／谢寿光
组稿编辑／曹义恒
责任编辑／吕霞云

出　　版／社会科学文献出版社·政法传媒分社（010）59367156
　　　　　地址：北京市北三环中路甲29号院华龙大厦　邮编：100029
　　　　　网址：www.ssap.com.cn

发　　行／市场营销中心（010）59367081　59367083
印　　装／三河市龙林印务有限公司

规　　格／开　本：787mm×1092mm　1/16
　　　　　印　张：13.75　字　数：173千字

版　　次／2020年8月第1版　2020年8月第1次印刷
书　　号／ISBN 978 - 7 - 5201 - 7004 - 8
定　　价／99.00元

本书如有印装质量问题，请与读者服务中心（010 - 59367028）联系

▲ 版权所有 翻印必究